JN131046

レジャー・レクリエーション用語集

日本レジャー・レクリエーション学会

監修　坂口　正治
　　　沼澤　秀雄

編著　前橋　明

大学教育出版

ごあいさつ

日本レジャー・レクリエーション学会
会長　坂口　正治
（東洋大学　名誉教授）

　本学会は、令和２年度の学会大会で、50回大会を迎えることになります。

　諸先輩方のご指導と会員の皆様のご支援により、今日を迎えることができましたことに感謝申し上げます。

　また、今回、本書を会員の皆様のご協力とご支援により、発刊することができましたことは記念すべきことであります。この機会に居合わせた幸運を、会員の皆様とともに心から喜びを分かち合いたいと思います。

　思い起こせば、私が学会に入会した時の「学会案内」には、日本レジャー・レクリエーション学会とは…との案内から始まり、「レジャー・レクリエーションに関するあらゆる科学的研究をなし、レクリエーション学の発展をはかり、レクリエーションの実践に寄与することを目的として、昭和46年３月に設立された日本学術会議所属の学術団体です。」と記されていました。

　まさに今、学会設立時の目的に向かって活動してきた事実がみごとに開花し、より充実した研究活動が実践されています。

　学会は、「レジャー問題、レクリエーション研究に直接たずさわる研究者、専門家はもちろんのこと、レクリエーション環境、組織、指導など、実践家の統合体であるともいえましょう。」と示しています。

　このような背景から、学会の取り組みはますます期待されています。また、今日の社会からの要望として、働き方の見直しや余暇活動の充実とその要求も多岐にわたっているように思います。

　そこで、本学会でも、社会の要求に対応しうる研究活動の充実と他の研究分野との連携（産学官連携）など、学際的な研究を進めていくことが重要課題と考えます。

　このような時期に、本学会として『レジャー・レクリエーション用語集』を発刊することは、会員はもとより、多くの皆様に活用していただき、より一層、レジャー・レクリエーションを深く理解していただくことが大切であり、本学会としての使命でもあると考えます。

　最後になりましたが、会長として多くの諸先輩のご指導とご支援をいただき、会長職を全うすることができました。心より感謝申し上げます。

　また、学会の発展は、会員の皆様のご支援とご協力なくして成り立ちません。今後とも、よろしく申し上げます。

発刊に寄せて

日本レジャー・レクリエーション学会
副会長　沼澤　秀雄
（立教大学　教授）

　この度、2019 年度の学会事業として「レジャー・レクリエーション用語辞典」を発刊する運びとなりました。日本レジャー・レクリエーション学会の目的は、言うまでもなく、学会会則の第 1 章、第 2 条にあるように、レジャー・レクリエーションに関する調査研究を促進し、レジャー・レクリエーションの普及・発展に寄与することであります。本学会は、研究会発足から 55 年間、日本レクリエーション学会発足から 49 年間、日本レジャー・レクリエーション学会に名称が変更になってから 29 年間の月日が経過して、増減があったものの安定して学会員 300 名を数える学術団体として、学会を運営しています。学会の名称を、レクリエーションからレジャー・レクリエーションに変更したことで、学会は広範で多岐にわたっていた研究分野が、さらに広がり、「遊び」、「余暇活動」、「野外教育」、「スポーツ」、「生活」などを基盤にした体育学、教育学が中心だった研究領域が「自然」、「都市開発」、「造園」等が加わり、造園学、観光学、社会学などの研究領域とともに、まさしく学際的な研究者集団となっています。

　また、1964 ～ 1995 年までの学会活動をまとめた『日本レジャー・レクリエーション学会の歩み』で、当時の浅田隆夫会長は、Leisure and Recreation を Leisure and Recreation Life と捉えており、Life には「生命」、「生活」、「生きがい」の 3 つの内容があり、これまでは個人の問題として考えられていたが、21 世紀における L/R 生活の問題解決は社会の問題としてとらえる研究姿勢が重要だとしています。

　このように、多くの分野の研究者が様々な研究領域の問題を複合的に研究できることが本学会の強みではないかと考えられます。そのためには、多分野の専門用語を整理して、適切に論文に使用する必要があります。ここまで本格的な用語辞典は、あるようでなかったということを考えれば、本書はレジャー・レクリエーション研究を志す研究者にとって、とても便利で必要な専門書としてご愛用いただけるのではないかと思います。

　おわりに、本書の刊行にあたり、ご尽力いただいた学会事務局の皆さんに感謝の意を表するとともに、これからのレジャー・レクリエーション研究の発展に本書が少なからず貢献し、本学会会員のみならず、様々な分野で活動する研究者の道標になることを期待して、発刊のご挨拶といたします。

レジャー・レクリエーションとは

日本レジャー・レクリエーション学会（JSLRS）
前会長　鈴木　秀雄
（関東学院大学　名誉教授　Ph.D.
社会福祉法人磯子コスモス福祉会理事長）

『日本レジャー・レクリエーション学会の歩み－1964～1995－』（学会誌、第32号1995年11月刊）発刊時は理事長として関わり、『日本レジャー・レクリエーション学会の歩み ～その2～－1996～2010－』（学会誌、第66号2010年11月刊）発刊時には会長として、そして本書『レジャー・レクリエーション用語辞典』発刊にあたっては、前会長として「レジャー・レクリエーションとは」を記す機会をいただきました。学会発足時から関係し、自身の基幹学会としての存在ですから、この学会により、むしろ自らが育てられてきた感があります。改めて、皆さんの努力により、学会が継続的発展を遂げていますことに感謝の思いでいっぱいです。

　学会が発刊する本書を通して、真のレジャー・レクリエーションとは何かを理解する"よすが（縁／因／便）"になればと願っています。

　ここではレジャー・レクリエーションを理解するための要点を概説したいと思います：

　レジャーの語源は、スコーレ（ギリシャ語）とリセーレ（ラテン語）の二語から派生しています。これらは本来、「労働を有しない自由で許されている身分や状態（これがリセーレの意味）」であり、「建設的で教育的・学問的な意味合いを持つ活動（これがスコーレの意味）」を示しています。スコーレはスクールの語源でありリセーレはライセンスやリバティーの語源でもあります。

　また、レジャーには三つの機能が存在します。①休養・休息としての**回復機能**、②気晴らし・娯楽としての**発散機能**、③自己開発・自己啓発としての**蓄積機能**です。当然、ボランティア活動も、社会参加・社会貢献を意味するもので、労働でもなく、強制でもないことからしてもレジャー（余暇）の蓄積機能の中に存在します。

　端的に概括すれば、レジャーとは、「義務的、強制的、拘束的でない、所謂、自由裁量の**"時間"**であり、**"意識"**であり、**"活動"**である」と言えるのです。

　レクリエーションとは、単なる遊び（Mere Play）から創造的活動（Creative Activity）までを含む一連の段階的な広がり（Spectrum）の中にあって、①余暇（レジャー）になされ、②自由に選択され、③楽しむ（おもしろさを含む）ことを主たる目的としてなされる活動（Activity）であり、歓娯（よろこび楽しむこと）の状態（State of Being）をいいます。これら①②③の要素はレクリエーションの三つの不可欠な条件にあたります。

　レジャーとレクリエーションとの関係を理解する一助として、例えば、外側の枠組みである外延、即ち、**構造**であるレジャーという器（あるいは水槽）の中に、レクリエーションという料理（あるいは金魚）が内包としての**機能**を担っていると捉えることもできます。当然、金魚は、水槽から外へ飛び出してしまえば、最早、生き続けることはできません。レジャーの中にレクリエーションが存在することは明らかです。

　レジャーの構造の中で、その機能としての具体的な事象（やくわり）として、レクリエーションが現れるのです。勿論、レクリエーションは活動や状態として現れますが、人間活動形態の全て（認知的領域＝あたま、情意的領域＝こころ、神経筋的領域＝からだ）に及びます。

　現代社会におけるスポーツの捉え方も、時代とともに変遷してきていますが、スポーツの語源を繙けば、"本来の仕事から心や体を他に委ねる身体運動と運動競技"ですから、レジャーという構造の中で、その働き（機能）としての身体的活動がレクリエーションとして起これば、それこそがスポーツと言う名の下で実施されていることになります。

　繰り返しますが、レジャー・レクリエーション・スポーツの三語を語源の繙きから、その概念の広がりを整理すれば、一番広い概念のレジャーの中にレクリエーションがあり、レクリエーションの中の身体領域としてスポーツが位置しています。

　時代の流れと共に社会が変化すれば、用語そのものが有する本来の意味も移り変わります。社会の必要性（Needs）や欲求（Wants）も、時代と共に変化するなかで、今後も人々のレジャー・レクリエーション・スポーツの捉え方が多岐・多方面にわたることは論を待ちません。本書が皆さんの活動、生活、研究等、様々な領域において活用されることを願い、また、本書がレジャー・レクリエーションの知られざる力の啓発に役立つことを期待します。

は じ め に

　本書は、レジャー・レクリエーションの指導者や研究者、レジャー・レクリエーションに関心のあるすべての皆様に、少しでも役立てていただきたいと願って、日本レジャー・レクリエーション学会の先生方を中心にまとめていただいた「レジャー・レクリエーションの基本用語集」です。

　レジャー・レクリエーションを理解するための基本用語を掲載し、わかりやすく解説しています。つまり、レジャー・レクリエーションの指導・実践・学習に欠かせない用語をしっかり定義し、共通理解がもてるように心がけてみました。もちろん、レジャー・レクリエーションの指導者だけでなく、興味のある方、ボランティアや学生の皆さんにも役立つように、丁寧に編集しています。

　内容は、伝統的な用語から最新の用語まで、レジャー・レクリエーションに関する基本用語をしっかり掲載し、わかりやすく紹介しています。レジャー・レクリエーションを理解する上で、関係者が共通理解を図っておく必要がある用語について、しっかり収録していますので、きっと「レジャー・レクリエーション」理解に役立つことと思います。また、巻末には、付録として、レジャー・レクリエーションに関するトピックスやＱ＆Ａも収録しています。

　編集にあたっては、「わかりやすい構成」「具体的なレジャー・レクリエーションの内容から学ぶことで、多くの知識が自然と身につく構成」「レジャー・レクリエーションや教育などの指導現場ですぐに役立つ」ように配慮しました。

　レジャー・レクリエーション指導者やリーダー、ボランティアを目指す皆様にも役立つ本書を、是非ご一読ください。

2020 年 2 月

　　　　　　　　　日本レジャー・レクリエーション学会　理事長　前橋　明
　　　　　　　　　　　　　　　（早稲田大学　教授・医学博士）

本書の特徴

　「レジャー・レクリエーション」理解に最適な一冊、五十音順索引で引きやすい用語集にしています。

●「レジャー・レクリエーション」に関連する基本的な用語の意味が理解できるように、教育・研究や指導実践、環境づくり等を目指す多くの方々のために企画されました。
●レジャー・レクリエーションにおける基本的な用語の解説を実現した用語集です。レジャー・レクリエーションの内容を、わかりやすくコンパクトに解説するように心がけました。
●読者の理解が少しでも深まるように、トピックスや Q & Aのコーナーも設け、工夫をこらしました。

凡　　例

特色

①レジャー・レクリエーションに関する伝統的な用語から最新の用語までを取り上げた。全用語目数は、507 項目である。

②読者の理解が少しでも深まるように、トピックスや Q & A のコーナーを設けた。

配列

①項目は、五十音順で配列した。

②外国語項目は、カタカナ表記で配列した。

③促音・拗音は一字と見なした。また、長音は母音と見なした。

　　例：シーソー（しいそう）

項目

①用語には、英語表記を併記した。

②遊具・環境などに関する項目には、図版を挿入した。

③執筆者名は、末項に（　）で囲んで示した。

④外国人名には、（　）内に生没年を付した。

⑤外国語の略語がある場合は、（　）に囲んで示した。

索引

①索引は、すべての用語を五十音順に並べ、総目次としての意味をもつように作成した。

文献

①用語について、さらに理解を深める手助けとなる書籍を、執筆者が選定し、文献として掲げた。

　　例：【前橋　明：元気な子どもを育てる幼児体育, 保育出版社, 2015.】

　　例：【スポーツ六法編集委員会編：スポーツ六法, 道和書院, pp.115-117, 2003.】

②引用文献には、著者・編者名：タイトル, 出版社, ページ, 出版年. を明記した。

■ あ ■

■アイスブレイク (ice breaking)

お互いの緊張（ice）をほぐす（break）こと。誰かと初めて顔を合わせるとき、恥ずかしさや不安などから、自分やまわりの人、環境に対して心の壁ができている。これらの壁を壊して、活動にスムーズに参加できるように心とからだの準備を整えることを、アイスブレイクという。（中丸）

【(社) 日本キャンプ協会：キャンプ指導者入門第 5 版，(社) 日本キャンプ協会，p.176-177，2019.】

■握力 (grip strength)

物を握りしめる力。全身筋力との相関が高く、子どもから高齢者まで、広い年齢層にわたって最大筋力を測定することができるため、体力測定項目に取り上げられる。握力を測るには、握力計を使用する。握力を高めるためには、ハンドグリッパーのような器具を使う方法や腕立て伏せ等がある。（前橋）

【文部省：新体力テスト－有意義な活用のために，ぎょうせい，2000.】

■足かけ後まわり

(taking a foot and turning around backward)

鉄棒で腕支持の姿勢から、片足を両腕の中にかけ、上体を勢いよく後方へ倒し、鉄棒を軸として回転する運動。（永井）

■足かけ前まわり

(taking a foot and turning around forward)

鉄棒で腕支持の姿勢から、片足を両腕の中にかけて鉄棒を握り、そのまま上体を勢いよく前へ倒し、鉄棒を軸として回転する運動。（永井）

■足ジャンケン

(the game of paper, stone and scissors on foot)

両足を揃えてグー（石）、前後に開いてチョキ（はさみ）、左右に開いてパー（紙）、の 3 パターンを、「ジャンケン・ポイ」のポイに合わせて表現し、勝敗を決める。グーはチョキに勝ち、チョキはパーに勝ち、パーはグーに勝つあそび。（永井）

■足ぬきまわり

(turning around through a foot)

鉄棒を順手で肩幅くらいに握り、しゃがんだ姿勢から腕の間に両足を通し、後方へ回転する。後方へ回転後、前方へ戻ることもある。（永井）

■足踏み競争

(stapping competition)

2 人が向かい合って、両手を繋ぎ、互いの足を踏むゲーム。相手に踏まれないように逃げつつ、相手の足を踏むあそび。（泉）

【日本幼児体育学会 前橋 明：幼児体育実技編，大学教育出版，p.265，2017.】

■汗 (sweat)

汗とは、哺乳類が皮膚の汗線から分泌する液体で、約 99％が水である。人間において、汗は、体温調節の手段でもある。幼児の平熱は、大人よりやや高く、また、単位面積あたりの汗腺の数が多いので、汗をよくかく。そのため、肌着は、吸水性や通気性のよいものを着るように助言するとよい。また、運動後に汗が冷えると身体を冷やすので、運動時にはタオルとともに、肌着の着替えを持参するように指導してもらいたい。（前橋）

■あそび（play）

　自由の感覚を喜び、楽しむ活動や経験で、この活動を通して、自分が自由な存在であり、すべては自律性をもった存在であることを確認しながら、様々な自分の能力を開発し、高めていくことのできる活動である。あそびは、創意工夫や応用力、自発性や積極性を育てる。自然の中でのあそびは、生き物や植物の生命の不思議さを知り、土や水、風に身をさらすことによって、感性も豊かになっていく。友だちや自然との交わりの中で、たっぷり遊んだあとは、食事がおいしく、熟睡する。あそびは、心身ともに健康に育つための「ビタミン」である。ちなみに、運動あそびとは、大筋肉活動を中心とした運動量のあるあそびで、その動きによって心拍数が高まり、血液循環や新陳代謝がよくなる効用がある。また、体育あそびとは、教育的目標達成のため、社会的な面や精神的な面、知的な面を考慮に入れた体育教育的営みのある運動あそびのことである。（前橋）

■あそび環境（play environment）

　子どもたちのあそびは、子どもたちの興味や関心から始まる自発的で自由な活動であり、それ自体が喜びや楽しさを伴うものである。その自発的な活動としてのあそびは、子どもたちの心身の調和のとれた発達の基礎を培う重要な学習でもある。したがって、子どもたちの心身を健やかに育むために、子どもたちが、自発的に、意欲的に、活動できるあそびのできる環境が必要である。このあそびのできる環境や、あそびを通した子育て環境を、「あそび環境」という。このあそび環境を通して、子どもたちのあそびはもちろんのこと、子どもたち同士のかかわりも、子どもたちの生活も、より豊かになり、心身の健康が保持・増進されていく。（前橋）

■あそび空間（play space）

　子どもたちが遊ぶために使用する場所（空間）で、地域の中で自然に利用している場所を指す。山や川、林や庭、空き地や路地、公園なども含む。「あそび空間」は、「あそび仲間」や「あそび時間」と並んで、子どもの育ちに必要な一つの重要な要素である。これら3つ要素を、サンマ（3つの間）と呼んでいる。近年は、子どものあそび空間としての路地や空き地が激減するとともに、地域に公園が整備され、多種多様な固定遊具が配置されてきたが、安全確保と美観維持、地域住民との関係上、禁止事項も多く、あそびや遊び方が限定され、子どもの公園離れも進んでいる。その一方で、子どもたちの自主性や自発性、創造性を育むあそび空間として、自然に近いあそび空間を再現しようと、プレイパークづくりが進んでいる。（前橋）

■アドベンチャー（Adventure）

　冒険と訳すが、その意味は、「目前（ad）に、起こってくる（vent）、（異状な）こと（ure）」であり、眼前での出来事への挑戦を指すもので、時として危険な要素を呈してくる。このような日常とは異なった状態に身を置くことも、躾には見られることである。様々な状況に応じて躾られた行為基準が当てはめられて、その時々にどのような行動をとるべきかを決定していく。躾から生れてくる行為は、社会的規範の範囲内で、本人の人間性や心を表わす自発的行為が表面化してくるものである。（鈴木）

■**アドレナリン**（Adrenaline）

　副腎髄質から分泌されるホルモンで、自律神経系の交感神経を興奮させる作用をもつ。心拍動の促進・末梢血管の収縮・瞳孔の散大などを起こす働きをする。肝臓からの糖質の摂り込みにより、血糖値を高める作用もある。（鈴木）

■**アニメーション**（animation）

　絵や物に命が宿っているように、動きを与える技法や、その技法によってつくられた映像を、アニメーションという。わが国では、その作品を「アニメ」と省略して呼んでいる。日本のアニメは、世界的にも優れた芸術文化になっており、内容としては、ファンタジー系をはじめ、SF系、アクション系、スポーツ系など、様々な分野からなっている。子どもの場合、過度な視聴が増えて生活時間を乱す例も出ているが、ある程度、子どもの発達に合った時間や内容を選んで鑑賞を進めれば、子どもに共感を与え、ストレスを緩和し、感動体験のもとに夢を描く教育的に有効な教材となる。（前橋）

■**アネロビクス**（Aerobics、無酸素運動）

　有酸素運動に対するもので、エアロビクスのエネルギーのほとんどが有酸素系であるのに対し、アネロビクスは解糖系などのように無酸素系エネルギーにより供給される。エネルギー源は、グリコーゲンが多い。（鈴木）

■**アマチュアスポーツの3領域**
　（three domains of amateur sports）

1）学校のスポーツ（educational sports）……教育的配慮による発達促進的機能と卒業後の生活への準備としての役割を強調した種目的活動

2）余暇時のスポーツ（recreational sports）……都市の発達や労働の質的・量的変化、余暇問題など、現代の社会と生活の特質との関連に視点をおいたスポーツ

3）チャンピオンシップ・スポーツ（championship sports）……高度化した現代のスポーツを当面するアマチュア問題の解決を考えながら、それをプロの領域に押しやることなく、アマチュアスポーツの枠内で認めさせようとするもの（鈴木）

■**安全**（security）

　安全とは、危害や損害を受けるおそれがないことである。指導では、安全な練習の計画と実施が必要とされ、すべての活動は、安全で健全な環境のもとに取り扱われるべきである。指導における安全は、器械器具の下にマットを敷いたり、水泳のための救命用具を備えたりするだけでなく、対象者に安全のための知識を伝え、安全に対する態度を育てることに注意を払ってもらいたい。指導者と対象者が協力し合って事故を防ごうとする安全についての態度があれば、健全で安全な練習や活動を導くことができる。そのためには、すべての用具、設備、施設は、定期的に安全点検すること。そして、活動は、対象者のスキルレベルや動機づけに適したものにすることが求められる。運動場や体育館、プール、他の屋内・屋外の活動場所は、適任者（資格者）に注意深く検査してもらうことが大切である。修理の必要性が認められた場合は、対象者に使用させる前に必ず直しておく。また、活動する場所は、草が生えていたり、穴があいていたり、小石が散乱している等の危険な状態を改善しておかねばならない。（前橋）

■安全管理 （safety management）

　対象者の安全を確保し、事故を防止し、また、万一事故発生の場合は損害を最小限にするよう応急対処をし、さらに発生した損害にできる限りの補償や賠償をすることを目的とする活動を安全管理と言う。事故の要因には、活動や運動をする人自身の要因、施設や用具などの物的要因、レクリエーション活動の指導の要因、活動に内在する要因などがあり、安全管理の内容も対人管理と対物管理に大別される。これらの管理活動が計画的・組織的に実施されることが、人々に豊かなレクリエーション活動を提供するための基礎となる。（前橋）

■安全基地 （secure base）

　子どもが、保護者から離れて、まわりの様子や環境を探索し、少し不安を生じると戻ってくることのできる場所のことを、安全基地という。保護者をはじめとする、居場所となる人（母親や養育者など）そのものも、安全基地と言える。子どもは、この安全基地を利用し、まわりの世界を探索し、しばらくして、安全基地にもどってエネルギー補給をし、再び、まわりを探索する。つまり、この経験のくり返しで、子どもたちは、依存と自立のバランスのとり方を学んで、うまくできるように育っていくのである。（前橋）

■安全教育 （safety education）

　安全管理の中の対人管理において、安全のための監督とともに重要な要素である。安全教育は、運動する対象に対して、安全な活動の仕方を指導することである。内容としては、運動をする人に対しては、自分の安全確保のための適切な服装、体調管理、施設や用具などの安全な利用法、事故発生の場合の対処の仕方や、他者の安全確保のためのルールやマナーの遵守、応急処置の仕方など、保護者に対しては子どもの体調や服装の確認、ルールやマナーの遵守を注意してもらうこと等、指導者に対しては被指導者の安全のための適切な指導と監督の仕方などがあり、これら安全教育が計画的・組織的に行われることが大切である。（前橋）

【前橋　明編：運動遊具の安全管理・安全指導スペシャリスト，大学教育出版，2016.】

■安全点検 （safety inspection）

　本来、備えるべき施設や用具などの安全性を確かめること。それによって、補修や使用規制、または、更新につながっていく。レクリエーション活動や体育活動において、施設や用具は基礎的なものであり、その設置や管理についての安全性の確保は、安全管理の中の対物管理における重要な部分である。安全点検は、いつ・どこで・誰が・何を・どのように確かめ、いかにその結果を活用するかが計画的・組織的に行われることが必要である。遊具において、初期の動作確認のために製造・施工者が行う初期点検、公園管理者が行う日常点検及び定期点検、公園管理者から委託された専門技術者が行う精密点検を総称したもの。（前橋・宮本）

【前橋　明編：運動遊具の安全管理・安全指導スペシャリスト，大学教育出版，2016.】〔国土交通省：都市公園における遊具の安全確保に関する指針，2014.〕

■安全能力 （ability for security）

　自分や他人を、傷害からから守る能力（知能・知識的要素、身体的要素、情緒・性格的要素など）を、安全能力と言う。この安全能力を高めると、事故や災害な

どに適切に対応し、自分の安全を確保できるようになる。この安全能力を子どもたちが身につける方法として、有効なことは、大人が手本を見せて、いっしょに行う。また、身体・運動能力の未熟さが事故の原因となることが多いので、体力・運動能力を日頃から養い、高めておくことも必要である。（前橋）

■ い ■

■一輪車（unicycle, monocycle）
　ペダルを直結させた一つの車輪に、フレームとサドル（座面）を付けたもの。バランスをとりながら乗るのが大変難しい。（永井）

■移動系運動スキル（locomotor skill）
　歩く、走る、這う、跳ぶ、スキップする、泳ぐ等、ある場所から他の場所へ動く技術をいう。（前橋）

■イニシアティブゲーム
（initiative game）
　課題解決型の活動の総称。個人では解決できないさまざまな課題に対して、8〜10名程度のグループが協力しながら課題を解決することにより、人間関係に必要な信頼や協調性を育もうとするもの。A.S.E.（Action Socialization Experience: 社会性を育成する実際体験）とも呼ばれている。（中丸）
〔（社）日本キャンプ協会：キャンプ指導者入門第5版，（社）日本キャンプ協会，p.180-181，2019.〕

■居場所（place to stay, address）
　居心地のよい、心が落ち着く空間を、居場所という。子どもにとっては、居心地の良さを感じ、成長を促してくれる空間のことであろう。近年では、問題行動をもつ子どもたちの多くが、家庭や学校に居場所のないことが原因で問題を引き起こしているケースが多くみられるようになった。大人たち、とくに保護者や保育者・教師は、家庭や園・学校が、子どもたちにとっての居場所として機能するように、配慮や工夫をすることが重要な務めになってきたと言えよう。（前橋）

■「癒し」
（healing, care, relaxation, soothing）
　医科学的な変容を獲得する分野と身体活動を通して身体に内在する澱（おり）を浄化する発散機能の助長と身体活動の結果から得られる回復機能を助長する分野がある。余暇に行われるあらゆる活動を通して、人は楽しさやおもしろさを求め、癒すことを求めている。（鈴木）

■インテグレーション（integration＝統合）
　高齢者、障がい児（者）について、従来とかく家庭生活、教育、雇用など、通常の社会生活の場から引き離して福祉を図ってきたことを改め、正常な社会生活に統合した中で福祉が保障されるべきだとする考え方である。新しい視点としては、心身に障害をもつ者も障害をもたない者も融和・共生を通して、より良い社会を構築するためのブレンディングの賦活を目指すものである。（鈴木）

■ う ■

■ウエルビーイング（well-being）
　welfare という福祉という語が保護的な意味合いを含むという認識から、新たな福祉を表す用語として用いられるようになった言葉である。つまり、ウエルビーイングは、安寧や人間の福利としばしば訳され、人権思想を踏まえ、個人の尊重、自己実現を意味する。とくに、生活問題に関する予防的な取り組みや個人

の尊重、自己実現の重視といった内容を含む福祉を意味する用語として、使われている。（前橋）

■ウオーキング（walking）

運動不足や生活習慣病の予防、健康づくりのために、運動効果を上げるための正しい歩き方（フォーム）で歩くことである。歩くことは、運動において全ての基本で、ウオーキングをアウトドアスポーツのひとつと位置づけることができる。ウオーキングの魅力や楽しみ方などの指導も実際に行われ、安全にウオーキングを楽しんでいただくためのウオーカーのサポートもみられる。（阿部）

■ウオークラリー（walk rally）

独特のコース図をもとに、グループで定められた場所を見つけるために探険し、課題を解きながら歩く活動。勝敗のみを競うのではなく、町の文化・歴史や自然を発見し、楽しみながら歩くことができる野外プログラムである。健康づくりやグループで、コミュニケーションを図ることを目的に行われている。なかでも、自分の住んでいる地域を知るために、店や施設だけでなく、子ども110番の家（いざというときに子どもが駆け込める避難場所）を指定の場所に設け、地域の人とのつながりやコミュニケーションを深め、地域での防犯対策のために開催されるものもある。（阿部）

■浮き指（floating finger）

立った時に地面につかない足趾が、現代の小児に増えており、原因として、かかと接地から親指で蹴りだす歩き方ができていないこと、靴を引きずって歩くことで、指先に体重をかけず、かかと荷重で立つ、歩くため、無意識に指先を浮かせることがあげられる。靴を正しく履

き、正しく歩く・走ることを習慣づけることで、改善が可能である。（吉村）

■動きの探究（movement exploration）

動きの中で使用する身体部分の理解（頭や腕、手、脚、足のような基本的な身体部位の名称や位置の見極め）をしたり、自己の空間の維持を通して、身体をとりまく空間における動きの可能性を知ることを指す。具体的には、空間を使って、安全に効率よく動くこと。いろいろな方法で動いているときに、人や物に関して、自己コントロールできるようにすること。動いているときの空間や方向についての概念では、前後、上下、横方向への移動を重視する。静止した状態では、異なった身体部分でのバランスのとり方を発見すること等が内容である。（前橋）

■後ろまわり（鉄棒）
（turn around after a horizontal bar）

鉄棒を軸として、後方へ回転すること。腕支持の姿勢から行う空中逆上がりや膝をかけた膝かけ後ろまわり等がある。（永井）

■歌あそび（song play）

わらべ歌のような遊戯歌を中心に、歌い継がれたあそびのことで、お手玉やまりつき等、数を口ずさみながら遊ぶものが多い。言葉のもつリズムや抑揚にあそびが融合したもので、しりとり歌や絵描き歌、ジャンケンあそび歌など、動作やしぐさを伴いながら行うあそびである。（前橋）

■腕支持（arm support）

腕・肘を伸ばしてからだを支えること。（永井）

■うんてい（overhead ladder）

バーにぶら下がって、渡る遊具。ぶら

下がって伝い移動をすることによって、筋力やリズム感、持久力を養うとともに、空間認知能力を高めることのできる運動遊具である。（前橋）

■運動あそび（exercise and play）

子どもたちが全身を使って思い切って動き回るあそびのこと。運動あそび体験の積み重ねによって、調整力を高め、基礎的な運動能力が発達していく。身体の成長や呼吸・循環器系の発達が促進され、「自分でやってみよう」「できるまで頑張る」「○○ちゃんのように上手になりたい」等、運動あそびを通して、自立心や忍耐力、創造力、向上心などを養うことができる。また、あそびを通してルールを守ることを理解し、役割を果たすことによって望ましい人間関係を作り上げていくことができる。また、遊具の正しい使い方や後片づけの習慣をも身につける経験ももてる。（前橋）

■運動会（undo-kai, athletic meeting）

運動会は、子どもたちの成長を促す大きな行事の一つであり、演技や競争が公開の場で行われるため、保護者にとって、わが子の成長を集団の中で確認できる機会でもある。子どもたちにとっては、自分の可能性を実感するとともに、自分が家族に見守られ、大切に思われているのだということを具体的に知るときでもある。運動会というと、みんな同じようにしようとして、今できることを揃えようとしがちになる。大切なのは、横一線に並ばせることではなく、育ちや伸び方は子どもによって違うことを理解し、一人ひとりを評価することである。一人ひとりの子どもの成長のためのきっかけづくりとして計画・運営し、参加者みんなが認め合い、子どもたちの成長を喜び合ってもらいたい。（前橋）

■運動学習適時性

（timing of motor learning）

運動の学習において、効率よく学習できる適した時期のこと。

幼児期から10歳頃までに、平衡性や敏捷性、巧緻性などの調整力の獲得に適時性があるといえる。小学校4年生位までは、様々な身のこなしの習得、高学年は動きの洗練から、次第に持久的運動へ進めるとよい。中学校期には、からだの発育に身のこなしを適応させることと、持久的能力を高めること。そして、高等学校期では、持久的運動と並行して、筋力を高めていくような発達的特徴に対応した運動が必要となろう。（前橋）

■運動感覚（sense of motor）

自分のからだの各部が、どんな運動をしているかを認知できる感覚。（前橋）

■運動着（sports clothes, sportswear）

運動やスポーツをするときに着用する服で、広く体操服とも呼ばれている。身体のサイズに合った動きやすいもの、伸縮性や吸湿透湿性に富んだものが使いやすい。（前橋）

■運動機能の発達特徴

（featuring the development of movement skill）

乳児期の運動発達では、神経組織の発育・発達が中心となり、とりわけ、髄鞘の発育が急速に成就され、大きく関与してくる。したがって、運動機能の発達は、以下の3つの特徴が考えられる。

①上部から下肢の方へと、機能の発達が移っていく。②身体の中枢部から末梢部へと、運動が進んでいく。③大きな筋肉を使った粗大な運動しかできない時期から、次第に分化して、小さな筋肉を巧みに使え

る微細運動や協調運動が可能となり、随意運動ができるようになる。（前橋）

■**運動靴**（sports shoes, sneakers）

運動やスポーツ、作業などをするときに、安全に、かつ、効率よく動けるように考案された靴で、足の長さや幅に合ったものがおすすめである。足より小さくてきついサイズや、逆に大きすぎて動きにくい靴は、足のためにはよくない。幼児の運動靴の最低条件は、甲の部分でしっかり足を固定できるマジックテープのついていることである。（前橋・吉村）

■**運動障害**（movement disorder）

運動機能に生じている障害のことを言い、①肢体不自由と言われる脳性まひや外傷などによる特定の運動系に関与する身体的な障害と、②運動機能の発達障害にわけられる。運動機能の発達障害は、発達性協調運動障害とされ、developmental coordination disorder と呼ばれる。協調運動や微細運動が苦手で、ドリブル運動やボタンかけ等が不器用である。（前橋）

■**運動公園**（athletic park）

都市住民全般の主として運動の用に供することを目的とする公園で都市規模に応じ1箇所当たり面積15〜75haを標準として配置される公園。（宮本）

【国土交通省：都市公園法，1956.】

■**運動の役割**

（role of the movement experience）

運動は、幼児のからだに発育刺激を与えることができるとともに、協応性や平衡性、柔軟性、敏捷性、リズム、スピード、筋力、持久力、瞬発力などの調和のとれた体力を養い、空間での方位性や左右性をも確立していく。つまり、運動は、からだのバランスと安定性の向上を図り、からだの各運動相互の協調を増し、全体的・部分的な種々の協応動作の統制を図ることができる。そして、からだの均整が保たれ、筋肉の協同運動が合理的に行われるようになると、運動の正確さやスピードも高められ、無益なエネルギーの消費を行わないようになる。このように、基礎的運動能力を身につけ、エネルギー節約の方法を習得できるようになる。（前橋）

■**運動の効果**（effect of the exercise）

適度な運動実践は、身体的発育を促進する。すなわち、運動は、血液循環を促進し、生体内の代謝を高め、その結果として、心臓や肺臓、消化器などの内臓の働きがよくなるだけでなく、骨や筋肉の発育を助長していく。筋肉は、運動によって徐々にその太さを増し、それに比例して力も強くなる。逆に、筋肉を使わないと、廃用性萎縮といって、筋肉が細くなり、力も弱くなる。また、運動をくり返すことによって、外界に対する適応力が身につき、皮膚も鍛えられ、寒さに強く、カゼをひきにくい体質づくりにもつながる。そして、寒さや暑さに対する抵抗力を高め、からだの適応能力を向上させ、健康づくりにも大いに役立つ。（前橋）

■**運動場（園庭）**（a playground）

からだを使った活動や遊ぶために必要な設備を備えた一定の場所。（永井）

幼稚園や保育所などの運動場や庭。（廣中）

■**運動による治療的効果**

（remedial effect by the exercise）

様々なタイプの運動障害が起こってくるのは、脳から調和のとれた命令が流れない・受け取れないためである。運動

障害の治療の目標を、運動パターンや動作、または、運動機能の回復におき、その状態に応じた身体活動をさせることによって、日常における運動を組み立てている諸因子（視覚、知覚、運動感覚、筋肉）の調和を図ることができるようになる。機能の悪さは、子どもが一人で生活できる能力やあそびを楽しむ能力を奪ったり、抑制したりする。そこで、正常で効率的な活動パターンを、運動あそびや運動の実践の中で学んでいくことによって、子どもたちは能力に見合う要求を満たすことができるようになる。また、言葉を発しない障がい児は、思考や感情を十分に表現できないので、種々の運動を用いると、感情の解放を図ることができる。（前橋）

■運動能力（motor ability）

　運動能力とは、全身の機能、とくに神経・感覚機能と筋機能の総合構成した能力である。また、基礎的な運動能力として、走力や跳力の伸びがはやく、とくに3歳〜5歳では、その動きが大きい。なかでも、走る運動は、全身運動であるため、筋力や心肺機能（循環機能）の発達と関係が深く、跳躍運動は、瞬発的に大きな脚の筋力によって行われる運動であるから、その跳躍距離の長短は腕の振りと脚の伸展の協応力とも関係が深い。跳躍距離に関しては、6歳児になると、脚の筋力の発達と協応動作の発達により、3歳児の2倍近くの距離を跳べるようになる。投げる運動では、大きな腕の力や手首の力があっても、手からボールを離すタイミングを誤ると、距離は伸びない。とくに、オーバースローによる距離投げの場合は、脚から手首まで、力を順に伝達し、その力をボールにかけるよう

にする必要がある。オーバースローによるボール投げは、4歳半以後からは、男児の方の発達が女児に比べて大きくなる。懸垂運動は、筋の持久性はもとより、運動を続けようという意志力にも影響を受ける。（前橋）

■運動能力テスト（motor ability test）

　からだを動かす能力を測定すること。昭和39年に「スポーツテスト」として実施されたのが始まりで、当初は、12〜29歳を対象に、50m走、走り幅とび、ハンドボール投げ、懸垂腕屈伸（斜懸垂）、持久走（1500、1,000m）が測定された。その後、10・11歳を対象に「小学校スポーツテスト」、30〜59歳を対象に「壮年体力テスト」、そして、昭和58年には基礎的な運動能力を評価し、自ら進んでいろいろな運動に親しむことをねらいとする「小学校低・中学年運動能力テスト」が加わった。（前橋）
【文部省：新体力テスト ― 有意義な活用のために，ぎょうせい，2000.】

■運動不足（lack of exercise）

　健康に必要とされる運動の量や質、種類が足りていないこと。運動不足の原因として、①子ども人口の減少、②自動車の普及、③家事労働の減少、④室内娯楽の普及、⑤冷暖房の普及、⑥受験戦争の激化、⑦子どもに対する犯罪の増加などがあり、子どもたちから運動量（大筋肉活動）を極端に減少させ、運動不足病として、肥満や体力の低下を引き起こしている。運動不足は、ストレスの増大、精神・心理的不調など、心の働きにもネガティブな影響をもたらしている。（前橋）

■ え ■

■エアロビクス

（Aerobics、有酸素運動）、

アメリカのケニス・H・クーパー博士により提唱されたもの。著書『エアロビクス』が 1968 年に出版された。「十分に長い時間をかけて心臓や肺の働きを刺激し、身体内部に有益な効果を生み出すことのできる運動」と定義され、酸素を十分に供給しながら、長時間、続けられる運動をいう。（鈴木）

■英才教育

（gifted and talented education）

優れた才能をもつ者に対する教育を言い、通常のカリキュラムでは十分に対応できない場合に行われる特殊教育の一つと位置づけられており、才能教育とも言われている。また、顕著な才能をもつ者だけでなく、すべての者を対象とし、個人内で秀でている才能を、幼児期から見い出して伸ばしていこうとする英才教育もみられる。（前橋）

■園外保育（outdoor child care）

園内では行えなかったり、味わいにくい経験を園外の場で行う保育をいう。具体的には、動物園や水族館、自然のある施設などへの遠足や、日常的な保育の一環として、園周辺の散歩や近隣の公園や神社へ出かけてのあそび、畑の栽培活動、消防署や小学校の見学、老人施設への訪問などがあげられる。園外保育は、通常の園内の保育とは違って、園から少し離れるだけで、子どもにとっては楽しみな日である。仲間といっしょに体験する四季折々の自然や、様々な人や施設との出会いによって、好奇心や冒険心がかきたてられる。（前橋）

■遠足（field trip）

園外（校外）に出かけて活動する園外保育（校外教育）の一つで、多くの場合は弁当持参でやや遠方の目的地まで出かける活動である。幼児期には、親子間の親睦を深める親子遠足や、卒園時期近くに行われるお別れ遠足、季節の自然に親しむ秋や春の遠足などがある。また、遠足は、目的地の下見、経路確認、ケガや病気の発症への対策などの危機管理対策を怠らないように、準備・運営されなければならない。（前橋）

■園庭（kindergarten yard; playground）

幼稚園や保育園、こども園などにおける敷地内、または、園が所有する隣接地の運動場や屋外遊技場をいう。幼稚園については、幼稚園設置基準において、保育園の屋外遊技場については、児童福祉施設の設備および運営に関する基準で、それぞれ広さが規定されている。ちなみに、幼稚園の園庭の面積を例にとると、1 学級ならば 330m^2、2 学級ならば 360m^2、3 学級ならば 400m^2、4 学級以上になると 1 学級につき 80m^2 増とされている。（前橋）

■円盤渡り（dsik passes）

1本ロープで吊った不安定な円盤の上を、ロープにつかまって渡る固定遊具。ロープにつかまり、不安定な円盤上を渡っていくことにより、平衡性や巧緻性、協応性、筋力を養うとともに、空間認知能力や身体の調整力が鍛えられる。（前橋）

■ お ■

■応急処置（first-aid treatment）

運動中にケガをしたり、倒れた場合、医師の診療を受けるまでの間に行われる応急手当のことであり、処置が適正であれば、生命を救うことができ、疼痛や障害の程度を軽減し、その後の回復や治癒を早めることもできる。

子どもの場合、状態の変化は早いので、急激に悪化しやすいが、回復も早い。具体的には、①観察する。子どもをよく観察し、話しかけ、触れてみて、局所だけでなく、全身状態を観察する。②生命の危険な兆候をとらえる。心臓停止（脈が触れない）、呼吸停止（胸やお腹が動かない、または、口のそばに手を当てても暖かい息を感じない）、大出血、誤嚥（気管になにかを詰まらせる）のときは、生命の危険を伴うので、救急車を呼ぶと同時に、直ちに救命処置を行う。③子どもを安心させる。幼児は、苦痛や処置に対する恐怖心を抱き、精神状態が不安定になりやすいので、指導者は、幼児本人にも、まわりの子どもに対しても、あわてないで、落ち着いた態度で対応し、信頼感を得るようにする。子どもの目線と同じ高さで、わかりやすく優しい言葉で話しかけて安心させる。④適切な体位をとらせて、保温に努める。状態や傷に応じて、良い姿勢を保つようにする。保温に努めて、体力を低下させないようにする。（前橋）

■応急対応
（emergency correspondence）

子どもに、病気が発症したり、ケガをしたときの緊急的な対応のことで、子どもの傍についている人と、応急処置用具を準備したり、保護者や病院へ連絡する人と、最低2人以上の大人が必要である。（前橋）

■屋外施設（outdoor facility）

屋外にある施設のことであるが、施設とは建物だけでなく、すべり台やブランコ等の屋外遊具から、彫刻のような芸術作品なども含んでいる。また、幼稚園や保育園などの園庭にある施設だけでなく、公園やショッピングセンター等の屋外にある施設なども該当する。（前橋）

■おしりたたき（親子体操）
（hit the buttocks）

親子体操の1つである。親と子どもが手を繋いだ状態で、もう1方の手で、互いのお尻を叩く。叩かれないように逃げつつ、相手のお尻を叩いた方の勝ち。（泉）

【日本幼児体育学会 前橋 明：幼児体育実技編，大学教育出版，p.258，2017.】

■遅寝遅起きの体温リズム
（temperature rhythm of late to bed and late to rise）

生活が遅寝・遅起きで夜型化している子どもの体温リズムは、普通の体温リズムから数時間後ろへずれ込んでいる。朝は、本来なら眠っているときの体温で起こされて活動を開始しなければならないため、からだが目覚めず、体温は低く、動きは鈍くなっている。逆に、夜になっても、体温が高いため、なかなか寝つけないという悪循環になっている。このズ

レた体温リズムを、もとにもどす有効な方法例は、①朝、太陽の陽光を浴びることと、②日中にしっかり運動をすることである。（前橋）

■**お手玉**（bean bag）

小さな豆や米、ビーズ等を袋をに入れたもの。ほど良く握れる布製の玉袋。（永井）

■**お手伝い**（help, aid, assist）

何かを手伝うことであり、一般には、子どもが家業や家事労働の一部を担うことをいう。お手伝いは、子どもの成長や発達の上で、大切な役割を担っており、その始期は、したい時が、させ時である。幼子のしたい気持ちを大切にして、できることをさせるように見守るのがよい。おぼつかないことは、親や家族がいっしょに行うことによって、手伝い感や達成感を味わわせていきたい。子どもに対しては、常に「ありがとう」という感謝の気持ちで接することが不可欠である。（前橋）

■**鬼あそび**（play of fiend）

鬼あそびは、その邪魔な怖いものから逃げるという発想に由来している。子どもたちは、その邪魔な怖いものに大きな興味を示し、からかったり、近づいたりして捕まるか、捕まらないかのスリルを味わう。また、鬼あそびは、鬼になる子もその他の子になる子も、みんなで走ることを主体としたあそびなので、急に走ったり止まったり、敏捷にからだをかわしたりする等、走力やからだの操作技能、あるいは、直感的な判断力や敏捷性が養われる。さらに、鬼と自分との距離感や逃げる方向や方法を見極める能力、そして、速度感も養うことができる。いわゆる、安全なあそび環境の中で架空な緊急事態をつくり、空間認知能力が育つあそびである。鬼あそびの種類は、非常に多く、ルールも簡単なものから複雑なものまであり、子どもたちの発達段階に応じて古くから親しまれてきた。また、場所が変われば、同じ形式のものであっても、ルールや呼び名が違うものもある。形態としては、鬼と子の役割の変化・交代の状態によって、（1）１人鬼型、（2）増やし鬼型、（3）ため鬼型、（4）助け鬼型と、大きく４つの型に分けることができる。（前橋）

■**鬼ごっこ**（tag）

鬼役になった子どもが、鬼のまねをして（鬼になったようにして）、他の子どもたちを追いかけてつかまえる。つかまった子どもが次の鬼となり、繰り返し行われるごっこあそび。鬼あそび・鬼渡しともいう。（永井）

■**親子ふれあい体操**
（parent-child contact exercise）

親子のコミュニケーションづくりや体力づくりはもちろん、子どもの基礎代謝を上げたり、体温を調節したり、脳・神経系の働きを活発にする等、からだだけでなく、心の発達をも目指した、親子で行う体操である。

また、子どもの居場所づくりにもつながる生活基盤となる健康的な運動をいう。（前橋）

■**お遊戯**（game）

幼稚園・小学校などで、運動や社会性の習得を目的として行う集団的なあそびや踊り。（廣中）

■**オリエンテーリング**（orienteering）

野外運動競技の一つで、地図と磁石を頼りに、山野に設けた指定地点を発見・通過して、目的地に短時間で着くことを

競うものである。対象者の年齢や技術レベル（初心者からエリート競技者まで）によって、コースやクラスを合わせることができ、コースを最も速く走破したものが勝者となる。（阿部）

■音楽療法（music therapy）

広義には、様々な疾患や障害などの治療に音楽を用いることであり、狭義には、音楽による心理療法である。日本音楽療法学会では、「音楽のもつ生理的、心理的、社会的働きを用いて、心身の障害の回復、機能の維持改善、生活の質の向上、行動の変容などに向けて音楽を意図的、計画的に使用することをさす」と、定義している。音楽療法は、聴くこと、演奏すること、歌うことの３つのジャンルがある。古来より、音楽が心理的治療効果をもつことはよく知られており、人間の情緒面や生理的な面にも影響し、心身のリラクゼーションやカタルシス効果をもたらすこと、治療的コミュニケーションの手段となることがわかっている。わが国では、戦後、自閉症をはじめとする発達障がい児のリトミック、知的障がい者の心理療法、高齢者のケア等に用いられてきた。近年、ようやくわが国においても音楽療法の心理的ケアの有用性が注目され、現在、適用が拡大している芸術療法の一分野である。（松原）
【村井靖児：音楽療法の基礎，音楽之友社，1995.】

■音頭（beginning）

民謡や歌などで歌いだしの時に調子をとる者、またはその者が独唱する口説節の名称。江戸時代後期に盆踊りに取入れられ、１人が独唱し、踊り手が囃子詞を斉唱するために、その歌も音頭の名で呼ばれた。各地の地名をつけて、河内音頭、江州音頭、伊勢音頭、秋田音頭、秩父音頭などと呼ぶ。（藤田）

■ か ■

■開脚とび（a split is blown off）

跳び箱に両手をつき、脚を開いて跳びこす運動。（永井）

■外気浴（the fresh air b）

戸外の空気（外気）にふれることをいう。外気に触れ、温度差や空気の抵抗を感じることで、からだの新陳代謝が盛んになり、抵抗力や適応力を身につけていく。外気によって、皮膚や気道粘膜が刺激され、気温の変化に適応するからだをつくる効果が期待できる。また、戸外に出ることによって、活動の欲求が満たされ、食欲の増進や良質の睡眠の確保にもつながる。（前橋）

■街区公園（block park）

街区公園は、市街地の公園で、住区基幹公園に分類される。かつては、児童公園と呼んでいたが、少子高齢社会の到来に伴い、利用対象者を限定しない目的で、1993年に都市公園法で改称された。草木を植え、緑化に努め、噴水や遊具、ベンチが設置され、憩や運動、あそびの場として利用されている。児童公園は、戦後の高度経済成長期の都市化に伴い、道路や空き地などの遊び場を失い、交通事故も急増したため、1972年の都市公園等整備五カ年計画によって、市街地の公園整備がすすめられてから、その後、急速に普及した。

もっぱら街区に居住する者の利用に供することを目的とする公園で、誘致距離250mの範囲内で、１箇所当たり面積0.25haを標準として配置される公園。2003年までは児童公園と称していた。

（前橋・宮本）

〔国土交通省：都市公園法施行令第2条〕

■介護予防事業
（preventive care program）

介護保険法における地域支援事業の1つ。健康な高齢者に対する「一次予防事業」と、要介護状態等になるおそれの高い高齢者に対する「二次予防事業」がある。第1号被保険者を対象としており、要介護状態等の予防、要介護状態になった場合の軽減や悪化防止の目的で行われる。（宮本）

【厚生労働省：介護保険法第115条の45】

■外傷処置（traumatic measures）

切り傷や擦り傷などの外傷の処置と対処の方法のこと。

切り傷や擦り傷の場合には、傷口を水道水で洗い流した後に、救急絆創膏をはり、傷口からの感染を防ぐようにする。傷が深い場合や釘やガラス等が刺さった場合は、皮膚の中に汚れやサビ、ガラス片などが残り、感染を引き起こすことがあるので、受傷した直後は血液を押し出すようにして洗い流し、清潔なガーゼを当てて止血する。あわせて、外科受診をすすめる。出血している場合は、傷口を清潔なガーゼかハンカチで押さえて強く圧迫する。出血が止まりにくい場合は、傷口から心臓に近い方の動脈を圧迫する。出血部位を心臓より高い位置にすると、止血しやすい。（前橋）

■回旋塔（rotation tower）

固定遊具の一つで、固定した柱の上から円錐形の骨組みを取り付けたもので、それにつかまり、ぶら下がったり、柱のまわりを回転したりして遊べる遊具。（永井）

■回転ジャングル（the rotary jungle）

固定遊具の一つで、金属製でできたはしご状の囲いの中心に太い柱があり、柱を中心に囲いが回旋する遊具。（永井）

■外反母趾（hallux valgus）

足の親指が、からだの中心から見て外側に屈曲している状態。幼児の場合は、趾節間外反母趾（親指の第一関節から外側に曲がる）の方が多くみられる。親指全体で接地することができなくなるため、立位時のバランスへの影響や、母趾で蹴りだしにくくなることが懸念される。（吉村）

■カイヨア（1913-1978）の〈遊び〉論
（Play Theory of Roger Caillois）

ホイジンガ（1872-1945）の所説を継承し、かつ批判したカイヨア（1913-1978）も、『遊びと人間』（1958）の中で、定義についてはホイジンガとさほど変わらぬものを提出している。ただし、カイヨアによれば、ホイジンガは遊びの文化創造的な面にあまりにもとらわれすぎている。そのため、ホイジンガは、たとえば賭博といったような〈非文化的〉な遊びを見落とした。ホイジンガのいう遊びを分類すると、〈闘争の遊び〉と〈表現〉の二つになってしまう。

これに対して、カイヨアは、4つの領域を設定した。(1) 競争（アーゴン）これには、様々なスポーツ（身体的能力）、チェス、チェッカー（知的能力）等が含まれる。(2) 偶然（アレア）くじ引きや賭け等、運とチャンスをあらそうもの。(3) 模倣（ミミクリー）、芝居、変装、仮面など、自分でない他者になろうとする遊び。(4) 眩暈（めまい）（イリンクス）回転や落下による身体的感覚の混乱を楽しむもの。この4つである。とりわ

け、4番目のものが、カイヨアの独創として評価されてよいであろう（赤ん坊はどうして〈ぐるぐるまい〉を喜ぶのか。子どもはどうしてジェット・コースターに乗りたがるのか。青年はどうしてスキーやオートバイを好むのか。こうしたことは、カイヨアによれば、〈眩暈〉の楽しみなのである）。遊びは、この4つを基本原理とし、そのいくつかの組み合わせとして成立する、とカイヨアは言うのである。（鈴木）

■カウプ指数 (Kaup index)

　子どもの体格を評価する際に、身長に比較して体重が多いか、あるいは、少ないか等と評価する体格指数の一つである。体格指数には、カウプ指数のほか、ローレル指数、BMI（Body Mass Index）があるが、カウプ指数は幼児期に用いられる体格指数で、ドイツの衛生学者カウプ（Kaup. I）の考案した判定指標である。カウプ指数は、体重（g）÷身長（cm）^{2}×10で判定する。判定指数の19以上が太りぎみ、22以上が太りすぎとされている。（前橋）

■カエルの逆立ち
(handstand of the frog)

　カエルを模倣して、膝を外に開き、脚を曲げ、手をついた姿勢から、腕・肘でからだを支えて足を浮かし、逆さ姿勢になる。（永井）

■課外活動 (extra-curriculum activity)

　本来、強制されて行うものではなく、当然、教育科目のカリキュラム（正課）外での活動であり、余暇活動の範疇ということになる。勿論、余暇は余った閑暇などの意味ではなく、むしろ余暇は作り上げていくものであり、楽しさ、おもしろさを味わう意識や姿勢からスポーツに関与することが本来の立場である。（鈴木）

■学童保育 (schoolchild childcare)

　就労をはじめとする理由で、日中、保護者が不在である家庭の児童に対して、適切なあそびや生活の場を与えて、健全育成のために行う保育事業を、学童保育という。正式名称は、放課後児童健全育成事業であり、通称、放課後児童クラブとも呼ばれている。児童厚生施設や小学校の校舎・空き教室などを利用し、保育士、幼稚園・小学校教員免許状の保持者、社会福祉士、子どものあそびを指導する者らが、都道府県知事の行う研修を修了後、放課後児童支援員として、保育に従事するのが基本である。子どもたちは、帰宅までの間、小学校からの宿題を行ったり、おやつを食べたり、他児と遊んだりして、放課後を過ごすことが多い。（前橋）

■かけっこ (running, race)

　走って、競い合うこと。（永井）

■課題起因型の運動
(Exercise Type Caused Problem and Issue)

　目的起因型（してみたい、やってみたい）の対義語であり、健康不安や体力不足などの理由により、運動をすべきという意図（課題）からの起因による運動の意味。（鈴木）

■学校 (school)

　幼稚園や小学校、中学校、高等学校、特別支援学校、大学、高等専門学校など、教育のために必要な物的要件や人的要件を備え、意図的、計画的に、また、継続的に教育活動を行う組織体である。日本では、学校教育法に定められた学校を、正規の学校としている。（前橋）

■学校行事 (school event)

　学校が一定の計画によって行う催しであるが、その目標は、行事を通して、望ましい人間関係を形成し、集団への所属感や仲間との連帯感を深め、公共の精神を養い、協力をしてより良い学校生活を築こうとする自主的な態度と実践的な能力を育てることである。学校行事には、儀式的行事、文化的行事、健康安全・体育的行事、遠足・集団宿泊的行事、勤労生産・奉仕的行事がある。（前橋）

■合宿保育 (camp childcare)

　子どもたちが、家庭から離れて、一定期間、園内外の施設に宿泊して、友だちと生活を共にする保育のことである。保護者が同伴する場合もある。合宿保育は、園内合宿と園外合宿に分けられる。園内合宿は、自立心を育てることや集団の結びつきを目的としている。園外合宿は、自然とのふれあいを園外に求め、自然の中での活動やあそびを十分にさせることを目的とする場合が多い。いずれにしても、家庭から離れての宿泊経験ということから、今までの園生活で培った力を発揮することや生活面の自立の育成が追求されている。（前橋）

■活動 (activity)

　本来、活動とは、てきぱきと動くこと、元気よく働くことであるが、子どもの保育や教育の現場では、子どもたちが主体的に環境に働きかけ、具体的に展開する状態をいう。（前橋）

■家庭教育 (home education)

　主に保護者が行う家庭での教育のことをいう。家庭教育では、基本的生活習慣をはじめ、生活能力や豊かな情操、信頼や他人に対する思いやり、道徳観、自立心や自制心、社会的なマナー等を身につ

ける上で重要な役割を担う。よって、家庭での教育は、すべての教育の出発点であり、そこで得た力をもとに、子どもたちは少しずつ社会を広げ、多くの人とのかかわりの中で、さらに育っていく。そのため、地域全体で家庭教育を応援することは、極めて重要な視点である。（前橋）

■歌舞伎 (kabuki)

　日本の古典演劇の一つ。「せりふ」、「音楽」、「舞踊」の各要素が混然一体となっている。近世初期に発生、江戸時代の庶民文化が育てた日本固有の演劇で、庶民的な総合演劇として今日に至る。能・人形浄瑠璃とともに日本の三大古典劇とされる。1600年ごろ京都で「出雲のお国」が始めた「かぶき踊」が前身。（藤田）

■紙芝居
　(picture story, picture story show)

　大型の厚紙に絵を描き、その厚紙を一枚ずつ抜き取りながら、芝居を展開する日本独自の児童文化財であり、娯楽でもある。演者は、観客に厚紙に描いた作品を見せながら、芝居を効果的に展開していく。そのために、声の抑揚や間の取り方、紙の抜き方などの演出を工夫して演じる。また、演者は、観客との交流を大切にしながら、観客といっしょに一つの世界を作っていく。観客になった子どもは、友だちといっしょに見て共感する楽しさや演者との交流を楽しむことができる。（前橋）

■体つくり運動 (physical fitness)

　体つくり運動は学校体育で実施される一つの領域であり、小学校から高等学校まで実施することが必須となっている。中学校学習指導要領（平成29年告示）解説によると、体つくり運動は、体ほぐし

の運動と体の動きを高める運動及び実生活に活かす運動の計画で構成され、自他の心と体に向き合って、体を動かす楽しさや心地よさを味わい、心と体をほぐしたり、体の動きを高める方法を学んだりすることができる領域である。（中丸）
【文部科学省：中学校学習指導要領（平成29年告示）解説　保健体育編，文部科学省，p.44，2018.】

■体ほぐし運動
（exercise for releasing the body and mind）

体ほぐしの運動は、学校体育における体つくり運動（体つくり運動を参照）で取り扱う運動のひとつである。体ほぐしの運動では、手軽な運動を行い、心と体の関係や心身の状態に気づき、仲間と積極的に関わり合うことを身につけることを学ぶ。（中丸）
【文部科学省：中学校学習指導要領（平成29年告示）解説　保健体育編，東山書房，p344-46，2018.】

■簡易ゲーム
（games of low organization）

輪になってのゲーム、散在してのゲーム、線を使ってのゲーム等、簡易なゲームのことをいい、動作や知識、協調性の能力を適用し、熟達できるように展開でき、基礎的な動きを身につけさせることができる。操作系の運動あそびと簡易ゲームの中では、とくに、お手玉やボールを投げたり、受けたりして、操作能力を身につけるとともに、なわの跳び方やパラシュートを使った様々なゲームや運動が経験できる。さらに、簡単なゲームを行って、協調性を身につけることも可能である。（前橋）

■感覚あそび（sense play）

触れる、見る、聞く、嗅ぐ、味わうという、人間がもつ五感を使ったあそびで、5つの感覚器で外からの刺激を受け止め、その情報が知覚神経を通って大脳に伝わり、大脳で意識化して判断による指令が運動神経を通って運動（反応）を起こす。感覚を使ったあそびを行うことで、刺激を認知して、大脳の判断・判別を促す。よって、感覚あそびは、感覚器を磨き、大脳の活動水準を高めるという意味で、非常に大切なあそびである。（前橋）

■感覚運動発達
（sensorimotor development）

外界からの刺激を感覚器で得て受容し、運動機能によって外界に働きかける、つまり、感覚と運動とを統合させ、発達させることを、感覚運動発達という。また、外界に働きかけることによって生じた変化を知覚し、自らの運動に調整を加えるフィードバックを通して、感覚運動はさらに発達していく。（前橋）

■感覚教具
（materials for sensory education）

感覚への刺激を使って、知的発達の基礎をつくるために、考案された教具のことを、感覚教具という。とくに、幼少児や障がい児は五感（触覚、視覚、聴覚、嗅覚、味覚）への刺激に強い感受性をもつことを利用して、感覚教具は分類化や同一性の能力を育み、漸次性を明確にし、知的秩序を作り上げることを目的に用いられることが多い。（前橋）

■感覚超越的レクリエーション
（transgressive recreation）

怖さだけではなく、恥ずかしさや、躊躇する感覚を越えて、自身の限界に近づ

いたり、それを越えようとしたり、勇気を出してがんばってみるという領域の段階である。また、そのような状況に置かれた時の感覚である。例えば、乳幼児の揺りかご、子どものブランコや滑り台、ジェットコースター、スペースマウンテン、バンジージャンプ、スカイダイビング、スキューバダイビング等で、カラオケやキャンプファイアーでのスキッツ等もある種の感覚超越が求められる活動である。(鈴木)

■**感覚統合**(sense unification)

子どもは、遊びながら、自分のからだの位置や動きがどうなっているのかを感じたり、触れたり触られたり、見たり聞いたりしながら、適応能力を身につけていく。これらの感覚は、脳の発達と深いかかわりをもっており、脳での一連の処理過程を感覚統合という。(前橋)

■**環境**(environment)

あるものを取り巻いている外界、周囲のことを環境という。子どもの教育においては、子どもたちが、周囲の環境に好奇心や探究心をもって関わり、そこで得た経験や知恵を、自らの生活の中に取り入れていこうとする力を育てていきたい。つまり、身近な環境に親しみ、ふれ合う中で、様々な事象に興味や関心をもち、発見を楽しんだり、考えたりし、また、物の性質や数量、文字などに対する感覚をも豊かにするきっかけとなる外界や周囲のことである。(前橋)

■**玩具**(toy, plaything)

子どもがもって遊ぶもので、おもちゃともいう。あそびに用いる対象物、もしくは、道具のことであり、あそび道具とも呼称される。おもちゃの語源は、手に持ち遊ぶものという言葉からきたもの

と言われ、平安時代には「もてあそびもの」と呼ばれ、江戸時代には「おもちあそび」または「もてあそび」が、話し言葉として使われた。(前橋)

■**緩衝緑地**(Buffer green zone)

大気汚染、騒音、振動、悪臭等の公害防止、緩和若しくはコンビナート地帯等の災害の防止を図ることを目的とする緑地で、公害、災害発生源地域と住居地域、商業地域等とを分離遮断することが必要な位置について公害、災害の状況に応じ配置される公園。(宮本)
【国土交通省:都市公園法, 1956.】

■**監督**(supervisor, director)

監督とは、下の者を指図したり、取り締まったりすること。また、その人、とくに、指導現場で、指導や管理に当たる人をいう。安全のためには、指導中の監督は、怠らないようにすること。(前橋)

■**乾布摩擦**
(rubdown with a dry towel)

乾いた布を使って、皮膚をこする健康法で、自律神経を敏感にし、鍛える働きがある。血液循環が良くなり、低血圧や冷え性の改善、全身の代謝の促進、リンパの流れを良くし、風邪の予防にも効果がある。(前橋)

■ **き** ■

■**器械運動**(apparatus)

器械運動は、跳び箱や鉄棒などを用いた運動を通して、それぞれの運動に必要な技能を習得して、各運動における技ができるようにし、さらには「よりうまくできる」ようになることをねらいとした運動である。それらの学習を通して、体力の向上や人間形成にも役立つように取り扱われる。器械運動は、個人で行うも

のであり、最終的にはひとつの技能や連続した技能ができるようになることである。子どもにとって器械運動の最大の喜びは、できなかった技ができるようになることであり、その本質は技にあるといえる。（永井）

【前橋　明：幼少年期の健康づくり，西日本法規出版，p.124，1994.】

■危機管理（risk management）

危機管理は、地震や火災、大雨、洪水などの自然災害や不測の事故などに対して、前もって立てる対策や計画のことで、危険な事態が発生した際に、どのように対処するかを目的としている。一方、安全管理は、前もって危険な事態を避けることを目的とする。

危機管理についての対策は、保育・教育機関単独では困難であり、病院や警察署、消防署などとの事前の連絡・連携体制を構築しておくことが求められる。また、危機発生時の対応について、避難訓練をはじめとして、模擬的に訓練しておくことも必要である。（前橋）

■企業内保育所

（nursery school in the company）

婦人労働力を確保するため、企業内で働く女性に対し、その乳幼児を預かり、保育する施設。（前橋）

■キックボード（kickboard）

ハンドルを握り、ボードの上に片足を乗せて、もう一方の足で地面を蹴って進む、小さな車輪のついた玩具。（永井）

■キッズヨガ（kids Yoga）

心とからだを内観することを目的としたヨガを、子どもに楽しめるよう工夫されたプログラム。例えば、動物に見立てた名前のポーズを実践することによって、物語仕立てに作られたヨガが経験できる。（楠）

■機能訓練（functional training）

機能訓練とは、なんらかの障害によって損失を受けた身体の機能回復や維持を図るために行う訓練のことで、日常生活において自立的な生活をすることが目的である。対象となるのは、肢体不自由を伴う身体障害が多く、知的障がい児や発達障がい児に対しても行われることがある。内容は、上下肢の運動機能の訓練、言語や音声に関する機能訓練、嚥下機能の訓練などがある。（前橋）

■木登り（climbing trees）

地上から樹木も用いて昇降や左右に移動するあそび。ロープを木の枝にかけて登るツリークライミングもある。木登りは、手足でバランスを取り、支えたり踏ん張ったり、上下左右に移動する動きを経験でき、子どもにとっては多様な動きを経験できる身体的な側面だけでなく、自然を大切にする気持ちや、高いところから眺めることによる情緒の開放、手足を工夫して動かしながら登ることによる知的側面を刺激することが期待できる。（宮本）

【ジョン・ギャスライト：イラストマニュアル・はじめてのツリークライミング，秀和システム，2018.】

■木登り遊具

（playground equipment which climbs a tree）

ダイナミックな木登りあそびが再現できる。木登りを体感できる遊具として、木登りのおもしろさ、とくに、枝から枝へ、大型であれば、安全のために、ネットがらせん状に張りめぐらされ、迷路のような遊び空間をも創る。もちろん、子どもたちは好奇心を膨らませて枝をよじ

登り、空に向かって冒険を始める。木登り遊具は、小さな挑戦をいくつも繰り返しながら、あそびを創造し、子どもたちの夢を育んでいく。登る、降りる、ぶら下がる、寝転がる等、多様な動きが経験できる。①木登りは、育ち盛りの子どもたちが「チャレンジ精神」「運動能力」「集中力」を一度に身につけることのできる運動遊具である。枝をよじ登ったり、ぶら下がったりしながら、高い所へと登っていく楽しさや木登りのおもしろさを、安全に体感できる施設。②遊び疲れたときには、そのまま寝ころび、ネットがハンモックに早変わり、優しくからだを包む。③木によじ登り、頂上に辿り着けば、爽快な風を感じることができる。また、自然の木を模した展望施設として、地上とは違った風景に気づいたり、小鳥たちのさえずりも身近に聞こえる格好のバードウォッチングのポイントにもなる。(前橋)

■騎馬戦 (mock cavalry battle)

旗差物を奪い合う武士の戦いに起因して発展した格闘的競技で、運動会の種目としてみられる。とくに騎馬戦は、士気高揚の格闘的競技として、戦前では、大変重要な競技であった。(前橋)

■気晴らし (Distraction)

気晴らしと表現されているが、何かしらの活動が伴うのが常である。江戸時代の表現では「気散じ」である。例えば、気晴らしに、一杯飲みに行くなど。(鈴木)

■基本運動 (basic movement)

幼児期にみられる基本となる動作スキルからなる運動のこと。歩く、走る、這う、跳ぶ、スキップする、泳ぐ等、ある場所から他の場所へ動く技術である「移動系運動スキル」と、バランスをとる、渡る等、姿勢の安定を保つスキルである「平衡系運動スキル」、投げる、蹴る、打つ、取る等、物に働きかけたり、操ったりする「操作系運動スキル」、その場で、ぶらさがったり、押したり、引いたりする「非移動系運動スキル (その場での運動スキル)」からなる。(前橋)

■基本運動スキル
(fundamental movement skills)

基本運動スキルは、移動運動やその場での運動、バランス運動、操作運動などの運動スキルを指し、子どもたちが生涯の中で経験するスポーツやダンス、スタンツ、回転運動、体力づくりの専門的スキルづくりの土台となる。①歩・走・跳・ホップ・スキップ・スライド・ギャロップ等の基本的な移動運動スキル (ロコモータースキル)、②ぶら下がる、伸ばす、引く、押す、曲げる等の非移動運動スキル (ノンロコモータースキル)、③平衡系の動きのスキル (バランススキル)、④止まっている物体や動いている物体にボールを投げたり、受けたり、蹴ったり、打ったりする操作系の動きのスキル (マニピュレィティブスキル)、⑤移動運動や非移動運動、バランス運動、操作運動を複合した動きのスキルを含む能力をいう。(前橋)

■基本的生活習慣 (Basic lifestyle)

日常生活の基本的な事柄に関する習慣であり、生理的基盤に立つ習慣と、社会的・文化的基盤に立つ習慣とがある。生理的基盤に立つ習慣は、食事や睡眠、排せつの習慣であり、社会的・文化的基盤に立つ習慣は着脱衣、清潔の習慣である。これらの基本的生活習慣を幼児期に身につけておかないと、それ以降の生活

に支障をきたすともいわれている。（前橋）

■ギャングエイジ（gang age）

子どもたちが、仲間と何かをたくらむために集まって、集団を構成する時期で、小学校の高学年頃を指し、徒党時代とも言われる。この時期の子どもたちは、集団でのあそびを通して、自主的、自発的に協力できる仲間を作って強く結びつき、時には対立もする。大人から禁じられているあそびも、仲間といっしょに行うため、ギャングと呼ばれている。（前橋）

■ギャンググループ（gang group）

クラスや近隣で作られた、強固な仲間集団で、構成人数が3～10人ぐらいまでで構成されることが多い。集団独自のルールを作って、それを守ることで、忠誠心を示そうとする。ルールを破った者を、仲間外れ扱いにすることも多い。自分たちだけの秘密基地を作ったり、暗号を作ったりして結束を強めている集団である。（前橋）

■キャンプ（Camp）

野外活動の中で使われるキャンプは、野山で幕営（テントに泊まること）を意味することが多いが、本来の意味は「集団が、ある共通の目的を遂行すること」を意味している。

例：米軍のキャンプ、春先プロ野球のスプリングキャンプ、エヴェレスト登山のベースキャンプ等。（鈴木）

■休日保育（holiday childcare）

休日（日曜日や祝日など）に、保育が必要な子どもに対して行われる保育を、休日保育という。保護者が必要な場合に利用できる保育サービスの一つで、国の施策の一つとして始まった。目的は、安心して子育てができる環境づくりを推進して、仕事と子育ての両立を支援するために行われている。（前橋）

■休息（rest）

運動や勉強、作業などの活動をやめ、心身を休めてくつろぐことを休息という。大人は、比較的長い時間活動し、比較的長い休息をとるが、幼児は長い間続けて活動できず、休息の時間も極めて短い。つまり、幼児の活動と休息のリズムは、大人と違い、短い周期で繰り返されている。また、横になって寝ることだけが休息ではなく、ゆっくりとした深呼吸や軽い運動も、心身の疲労を回復させる効果がある。（前橋）

■吸啜刺激
（sucking, impulse of sucking）

赤ちゃんが母親の乳房を吸う時に、母親が受ける刺激のこと。母性行動が発現し、さらに母子相互作用によって母性行動が円滑に確立・維持されていく。（前橋）

■休養（rest）

通常は休息と異なり、少し長い休みを意味するが、休養には2つの意味があり、使ったところを休ませること（疲労の回復）と、使っていないところを養うこと（体力の回復）の意味も有している。（鈴木）

■教育（education）

一人ひとりの素質や能力を大切に保護しつつ、発展させたり、伸びて行ったりするのを助けることで、愛し、育てることである。また、教育は、意図的な人間形成の営みであり、常にその目的やより細分化・具体化された目標に照らして、その営みの適否が判断されるものである。（前橋）

■協応性（coordination）

身体の2つ以上の部位の運動を、1つのまとまった運動に融合したり、身体の内・外からの刺激に対応して運動したりする能力を指し、複雑な運動を学習する場合に重要な役割を果たす。具体的には、手と目、足と目、手と足の協応を必要とする動きを、正確に無理なく示すことができる能力をいう。（前橋）

■競技スポーツ（competitive sports）

スポーツ技術の向上、記録の樹立・更新を目指して、極限への挑戦を追求していくスポーツ。（前橋）

■教具（teaching aid）

保育や教育内容をより効果的に実施するために、保育者や教師らが使用する具体物をいう。教具とは、一般に指導の効果を高めるために、工夫される道具や器具のことを指すことが多い。また、教具には、運動の習得を容易にする機能のほか、運動の原理や概念を直観的・視覚的に提示したり、運動課題への心理的不安を取り除き、安全性を確保し、運動の学習機会を増大させて、効率を高める働きもある。（前橋）

■教材（teaching material）

保育や教育実践の際に使用する素材のことである。保育や教育目標、ねらいを達成するうえで、必要な具体的なもので、幼児・児童を対象にしたものであれば、絵本や積み木、玩具、折り紙などに加え、落ち葉や草花などの自然環境も教材である。また、物だけでなく、子ども同士のけんかやトラブル等の出来事も教材と言える。（前橋）

■行事（event）

定められた日時に、特定の目的をもって行う活動のことであり、園行事や学校行事をはじめ、伝承行事、社会行事、宗教行事などがある。保育、教育現場では、ねらいに基づき、計画されるが、子どもたちが指折り数えて、その行事を待てるように、待ち望む喜びを味わえるよう、準備をしていくことが求められる。家族の参加を促す行事であれば、子どもの成長を、園や学校が保護者とともに見守り、いっしょに喜ぶ場となるように計画・準備することが必要である。（前橋）

■競争（competition）

互いに、同じ目的に向かって、勝敗や優劣を競い合うこと、競り合いを、競争という。競争の導入は、活動に対する動機づけを高める一方で、競争相手である他者に対して、敵意的になりやすいといった弊害も生まれやすい特徴がある。（前橋）

■競走（racing）

一定の距離を走って、その速さを競うこと、速く走る競争、走って競うこと、駆け比べを、競走という。人や動物や乗り物が、一定距離を走り、速さを競うことをいう。通常は、着順や所要時間で勝敗を決めている。（前橋）

■協働（collaboration）

関係する両者の間の主体性が相互に尊重されつつ、機能的に連携が図られた状態をいう。（前橋）

■共同あそび（cooperative play）

子どもたちが、力を合わせて、何かを作ったり、運んだり、役割をもったりして遊ぶあそびのことを、共同あそびという。このあそびを通して、徐々に仲間意識が現れ、お互いを信頼し合うようにもなる。ときに、トラブルを生じ、けんかになったりするときもあるが、お互いの意見を聞いて、譲ったり、譲られたりす

ることで、より良い人間関係を築いていくように成長していく。この仲間とのいろいろな経験を通して、一人ではできないあそびをいっしょに作り上げる喜びを共有し合うあそびである。つまり、人間関係を築く上で重要な役割をもつあそびと言えよう。（前橋）

■**筋弛緩法**

（muscle relaxation method）

　筋肉の緊張と弛緩を繰り返すことによって、身体をリラックスさせる方法。筋肉に力を入れて、数秒間、緊張させた後、一気に力を抜くことを繰り返す方法。（楠）

■**近所あそび**（neighborhood play）

　自分の家のとなり近所で、年齢の近い子どもたちと関わり合いながら遊ぶこと、または、そのようなあそびを、近所あそびという。子どもは、2歳前後くらいから、同世代の子どもに関心をもち始め、行動範囲が少しずつ家庭から社会に広がっていく。この行動範囲の広がりと成長に重要な役割をもっているのが、近所あそびである。近年は、社会的環境のネガティブな影響を受けて、近所で遊ぶことが少しずつ難しくなり、家の中や公園、ショッピングモール、公共施設などで遊ぶことが増え、室内での個別のあそびや静的あそび、メディアあそびを余儀なくされている。近所あそびが成り立つためには、親が近所の人たちや地域とのかかわりをもち、その関係性を大切にしていくことが最も重要である。（前橋）

■**緊張**（tension）

　心やからだが引き締まること。慣れない物事に直面し、心が張りつめて、からだがかたくなること。筋肉や腱が一定の収縮状態を持続していたり、ある行動への準備や、これから起こる現象・状況等に対し、張りつめている状態をいう。（楠）

■**緊張解放活動型**

（tension released activity）

　労働などの緊張から解放を求める活動（慰安、休養、読書、軽スポーツ等）。（鈴木）

■**筋力**（strength）

　筋が収縮することによって生じる力のことをいい、筋が最大努力によって、どれくらい大きな力を発揮し得るかということで、kgであらわす。（前橋）

■**近隣公園**（Neighborhood Park）

　主として近隣に居住する者の利用に供することを目的とする公園で、近隣住区当たり1箇所を誘致距離500mの範囲内で1箇所当たり面積2haを標準として配置される公園。（宮本）

【国土交通省：都市公園法施行令第2条, 1956.】

■　く　■

■**空間認知能力**（spacial awareness）

　上下・左右・前後の概念を理解する空間的な認知能力をいう。この能力が発達すると、身体の左右・上下の部分の動きを知り、使い分けることができるようになる。（例えば、左右の腕を個々に動かしたり、同時に動かしたり、あるいは交互に使ったりできるようになる。足も同様に、個々に、同時に、交互に使えるようにもなる。さらに、同じ側の手と足を同時に使ったり、反対側の手と足を同時に使ったり、ジャンピングジャックス運動のように、両手と両足を同時に、かつ、リズミカルに使うことができるようにもなる。また、身体の各部分のつながり、

線や円、四角などの基本的な形の理解、自己の身体の外にある空間の理解、身体と方向との関係を理解して、前後・左右に巧みに動くことができるようになる。（前橋）

■クオリティ・オブ・ライフ
（QOL，Quality of Life）

生活の質のことで、生活、生命、人生などが心身ともに充実した状態をさす。（前橋）

■靴教育（shoes education）

靴を選ぶこと、買うこと、履くことは、正しい教育に基づいて行われるべきであるが、日本の教育制度の中には、靴に関する教育が存在しない。この3つを正しく行えるように考えられた靴に関する教育のこと。別名、シューエデュケーション。この教育内容を把握した教育者を、シューエデュケーターと呼ぶ。（吉村）

■靴行動（action for shoes）

靴を選ぶこと、買うこと、履くことの3つをまとめた総称。靴教育の柱は、この3つからなる。（吉村）

■靴選択（shoes choice）

幼児の靴の選択には、機能面の見きわめと、足の成長サイクルに合わせた適切なサイズ選びが不可欠である。機能面の条件として、以下の3つが不可欠である。①幼児期の不安定な足首やかかとの横ブレを防ぎ、しっかり支えられるかかとの強度がある。②歩行蹴りだし時の足の屈曲に合わせ、関節部分がしなやかに曲がり、もとに戻る屈曲性がある。③歩いたり走ったりしても、足が前滑りや横滑りをせずに、靴内でのベストポジションに収めるためのマジックベルトや紐がついている。適切なサイズ選びには、左右の足の足長と足囲の4か所を立位姿勢

で計り、その寸法に基づいて選び、直線にして5m程度の試し履きをして、履き心地やかかとの浮きがないかをみることが必要である。新規購入時は、この寸法に成長のためのゆとりを加える。ゆとり寸法は、最大でも年間あたり7〜10mm以内とする。（吉村）

■くつろぎ（relaxation）

くつろいでいる状況では、その個人が周囲にもくつろぎを求める。例えばロッキングチェアーで窓外を眺め、くつろいでいる状況では、周囲での大きな音を立てての喧燥は嫌うことになる。また、くつろぎの意味も二面性を持ち、一方で、忙しさや大変さから逃れゆっくりすることを意味し、他方で、家族や友人と楽しく過ごす状況も「くつろいでいる」と表現されたりする。（鈴木）

■クライミングウォール
（climbing wall）

固定遊具の一つで、表面をよじ登るための突起（ホールド）をつけた人工の壁。手足を使って、突起伝いに壁を移動する。（永井）

■クラシック・バレエ（classic ballet）

バレエ（仏：ballet）は、西ヨーロッパで発生し、広まった歌詞・台詞を伴わない舞台舞踊である。音楽伴奏・舞台芸術を伴い、ダンスによって表現する舞台である。物語性をもち、複数の幕をもつ舞踊劇が多い。フランス人振付家マリウス・プティパが、19世紀末にロシアにおいて確立した様式を指す。17世紀後半に、現在、用いられているバレエ（正確には古典舞踊）の技法の基礎が確立されたときから、20世紀初めまでをクラシック・バレエの時代といい、古典舞踊の技法に準拠する作品を同様に定義する

ことがある。（藤田）

■クロスネット渡り
（cross net passes）

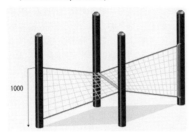

1000

　90度にひねったネット通路を連続すると、メビウスのリングのようにネット面が反転するので、オーバーハングになり、難しくなっている遊具。ひねったネット通路を移動することにより、平衡性や巧緻性、筋力や空間認知能力を養い、平衡系運動スキルを身につける。（前橋）

■ け ■

■ケアマネジメント
（Care management）

　日常生活で困難な状態が生じ、援助を必要とする利用者に対して、必要とされるすべての保健・医療・福祉サービスを受けるために、関係機関との調整を行い、利用者のニーズに基づく課題解決を図っていくプロセスとそれを支えるシステム。（宮本）

■芸術的レクリエーション
（Artistic Recreation）

　絵画、音楽、演劇、文学、彫刻、手芸、種々のクラフトなどだが、芸術を大きく分類すれば、活動・演技・身体運動が伴う領域の音楽、ダンス、演劇などは、パフォーミングアートで演じたものが残らない芸術であり、絵画、彫刻。書道、手芸などの領域は、ファインアートで後に残る芸術である。芸術的レクリエーションも同様に2つの芸術的領域に存在する。（鈴木）

■ケースワーク（case work）

　生活上の問題をもった個人または家族に対して、心理的・社会的観点から個別的に援助し、クライエントが独力で問題の解決を図り、自立し、人格の発達を図ろうとする場合の援助の過程である。これは、面接を中心に展開され、調査・診断・治療の段階を、同時並行的にたどっていく。（前橋）

■劇あそび（dramatic play）

　子どもたちが生活の中で体験したことやテレビやビデオ等で見たことや感じたこと等を、他者といっしょになって、劇的に遊ぶことを劇あそびという。その本質は、ごっこあそびの延長線上にあるが、子どもたちの好奇心や探究心をくすぐるストーリー性が含まれていて、子どもにとっては魅力的で、とてもおもしろいあそびである。（前橋）

■けんか（quarrel）

　人は、自分を強く主張したり、物事を自己本位に解釈して、結果として争いを起こし、組み合ったり、もつれあったりする。そのことを、けんかという。とくに、子ども時代は、自己中心性が強いために、けんかをすることが多くある。しかし、けんかによって、子どもたちは、他人や集団、自分自身を理解していき、自分と他者を対等に扱うことをも少しずつ学び、やがて集団をも統制していくことを学んでいく。つまり、子どもたちはけんかをすることによって、自己中心性から抜け出して成長していくが、近年で

は幼い頃から、大人が関与することが多すぎて、けんかも抑制され、かえって子どもの自己中心性からの脱却を遅らせている傾向にある。(前橋)

■ケンケン (hopping)

立った姿勢から片足を上げ、もう一方の足で跳ねること。(永井)

■健康 (health)

健康とは、身体的・知的・精神的・社会的に完全に良好な動的状態であり、単に病気あるいは虚弱でないことではないと世界保健機関は、1999年の総会で定義した。

■健康教育 (health education)

喫煙や薬物依存、アルコール中毒、短時間睡眠、運動不足など、健康に好ましくない習慣や悪癖、中毒、依存の予防から、偏見や誤解、コミュニケーション問題の改善から心の健康に至るまでの健康づくり、健康管理などの指導、教育を包含したものをいう。(前橋)

■健康・体力づくり
(health related fitness)

健康的な生活の構成要素としての運動の重要性の認識と体力を高める運動の実践、バランスのとれた食事の基礎的知識、主要な身体部分や器官のはたらきと位置の理解、正しい姿勢の理解、運動やあそびでの熱中、楽しさ、満足をも経験させて、健康や体力を向上させていくことをいう。

個人の健康は、予期せぬ状況に立った場合にでも、十分なエネルギーで毎日を生き抜いたり、レジャー時代における運動参加を楽しむことのできる能力を示す。人々に、健康的な良いレベルに達するよう設定された各種の運動に参加する機会を与えることは、極めて大切なこと

である。したがって、体力づくりを持続させるための興味づくりを工夫する必要がある。中でも、成長期にいる子どもたちには、体格や心臓・呼吸器機能、柔軟性、筋力、持久力を含む体力の要素に関連した生理学的な基礎知識を身につけさせるとともに、自己の生活の中で健康理論を適用できるようにさせたい。(前橋)

■健康日本21 (health japan 21)

日本の国民が健康で、明るく元気に生活できる社会の実現を図るための国民の健康づくり運動。(前橋)

■健康の三要素 (運動、栄養、休養)
(three elements of health)

1) 休養　参考：休息との異なり、休息は休足とも記す
　① 使ったところを休め（疲労回復）
　② 使わなかったところを養う（体力回復）

2) 栄養　参考：営養という表現も存在する
　① カロリー（代謝＝エネルギー）＝営む
　② 栄養素（蛋白の同化＝成長）＝養う

3) 運動
　① 一括払い＝有酸素運動化＝脂肪酸がエネルギー源、
　② 分割払い＝無酸素運動化＝糖質がエネルギー源

※1) 休養、2) 栄養は、生理的必要性（physiological needs）が自然発生的に生じ、3) 運動は、心理的欲求（psychological wants）を意識的に生起させる仕組みが必要。(鈴木)

■健全育成活動
(work on healthy upbringing)

急速な都市化や高度産業化社会に起因

するネガティブな影響から、子どもたちを健全に育てるよう、守るための活動。（前橋）

■ **こ** ■

■**広域公園**（regional park）

主として一の市町村の区域を超える広域のレクリエーション需要を充足することを目的とする公園で、地方生活圏等広域的なブロック単位ごとに１箇所当たり面積50ha以上を標準として配置される公園。（宮本）
【国土交通省：都市公園法】

■**公園デビュー**
（first timer at a play park）

乳幼児をもつ親が、子どもを連れて、初めて、公園に友だちを求めてあそびに出かけることをいう。公園は、子どもたちが友だちと出会う場であり、健康づくりや体力づくりの場でもある。また、親同士も、おしゃべりを楽しんだり、悩みを相談し合ったりしながら、仲間づくりが自然にできる場でもある。しかし、親同士の価値観が異なっていたり、特定の親、またはグループの自己中心性が強すぎたりすると、新しく参加する親子を排除する問題も実際に生じている。（前橋）

■**巧技台**
（combination exercise equipment）

跳び箱、鉄棒、すべり台、平均台、はしご等を、自由に組み合わせて使用する遊具。（永井）

■**公共的レクリエーション**
（public recreation）

公共団体や公的機関が、国民の税金によって活動提供する種類のもの。（鈴木）

■**厚生**（the public welfare）

人々の暮らしを豊かにし、健康を増進

すること。（前橋）

■**構成あそび**
（Constitution play, structure play）

多様な素材を使って、形ある何かをつくるあそびで、モザイクのような平面的なあそびや、積み木やブロックのような立体的なあそびを、構成あそびという。子どもたちが自ら考え、素材を並べたり、積んだりすることから始まり、そして、自己の体験を生かして、イメージを発展させる知的なあそびである。町づくりあそびも、構成あそびの一つである。（前橋）

■**高齢者デイサービス**
（day care for seniors）

介護の必要な居宅要介護者に、日帰りで施設に通ってもらい、入浴・排泄・食事などの日常生活上の世話や機能訓練などを行うサービス。利用者の社会的孤立感の解消と心身の機能の維持のほか、家族の負担の軽減を図ることも目的としている。通所介護ともいう。障がい者を対象にしたデイサービスもある。（宮本）
【厚生労働省：介護保険法第８条の７】

■**戸外あそび**（outdoor play）

屋外でのあそび、もしくは、屋外で遊ぶことをいう。川あそびや海あそび、泥あそび、木登り等、屋外に出て、自然とふれながらのあそび、あるいは、鬼ごっこやボールあそび、かけっこ、縄あそびのように、友だちといっしょにからだを動かす運動的なあそびも含まれる。戸外に出て遊ぶだけで、気分がよくなったり、開放感を得たり、また、外界の温度差に対する適応力や抵抗力をつけ、自律神経の働きを促進し、からだづくりや体力づくりにもつながっていく効果が得られるあそびである。（前橋）

■**高体温**（hyperthermia）

　腋下で37℃を超える体温。（前橋）

■**巧緻性**（skillfulness）

　身体を目的に合わせて正確に、すばやく、なめらかに動かす能力であり、いわゆる器用さ、巧みさのことをいう。（前橋）

■**後転**（backward roll）

　鉄棒やマット運動などで、後方に回転する運動。後方回転。（永井）

■**行動体力**

　（physical ability for behavior）

　行動体力は、体格や体型などの身体の形態と機能に二分されるが、その機能面からみると、①行動を起こす力（筋力、瞬発力）、②持続する力（筋持久力、呼吸・循環機能の持久力）、③正確に行う力（調整力：協応性、平衡性、敏捷性、巧緻性）、④円滑に行う力（柔軟性、リズム）がある。（前橋）

■**こうもり**（bat playing）

　鉄棒や雲梯などに膝を折り曲げて掛け、逆さまにぶら下がること。（永井）

■**交流保育**

　（transition in early childhood education）

　子どもたち同士や小・中・高校生ならびに地域の高齢者の方々との交流を、子どもたちの成長に生かしていく保育のことをいう。いろいろな人々と関わる機会をもつことによって、子どもの育ちに生かしていくことを目的とする保育である。（前橋）

■**呼吸**（a breath）

　呼吸は、息を吸ったり、吐いたりすることで、幼児の呼吸や脈拍は、大人より多く、運動時や環境の変化を受けて変動しやすいという特徴がある。幼児は、肺胞の数が少ないので、1分間の呼吸数は、大人（15〜20回／分）より多く、4歳〜6歳児は20〜25回／分、2〜3歳児は25〜30回／分である。（前橋）

■**国際疾病分類 ICD**

　（International Statistical Classification of Diseases and Related Health Problems）

　世界保健機関（WHO）が死因や疾病の国際的な統計基準として公表している分類である。死因や疾病の統計などに関する情報の国際的な比較や、医療機関における診療記録の管理などに活用されている。最新版は、2019年5月の世界保健機関（WHO）総会において、第11版（ICD-11）が承認され、新たにゲーム障害が疾病として追加された。（宮本）

【WHO，厚生労働省：ICDのABC】

■**国際生活機能分類 ICF**

　（International Classification of Functioning, Disability and Health）

　人間の生活機能と障害の分類法として、2001年5月、世界保健機関（WHO）総会において採択された。人間の生活機能と障害に関して、アルファベットと数字を組み合わせた方式で分類するものであり、人間の生活機能と障害について「心身機能と身体構造」「活動と参加」の2つの部門と「環境因子」「個人因子」の2つの構成要素で、約1,500項目に分類されている。（宮本）

【WHO，厚生労働省：国際生活機能分類—国際障害分類改訂版—（日本語版）】

■**午後あそび**（play in the afternoon）

　午前中のあそびとともに、成長期の子どもにとって大切な昼間のあそび。体温リズムの中で、最も体温の高まった、いわゆる、生理的にウォーミングアップのできた時間帯（午後3時頃から5時頃にかけて）のあそび。学童においては、

放課後あそびとも言う。この時間帯の積極的な運動あそびで、しっかり運動エネルギーを発散させ、情緒の解放を図っておくことが、夜には心地よい疲れを生じ、夜の入眠を早める秘訣となる。（前橋）

■個人的レクリエーション
(private recreation)

個人、また、家族が、自主的に余暇活動として行うもの。レクリエーションは、本来、指導などを受けるものではなく、個人が自由に主体的に選択し、余暇としての楽しみや喜び、癒しを求める活動・意識・時間に関わることに他ならない。（鈴木）

■子育てサークル（childcare circle）

子育てをしている母親や父親と、その子どもが主な対象で、親が主体になってグループを運営し、営利を目的とせず、子育ての目的で作られた自主グループのこと。子育てサークルの利点としては、①子どもに異年齢の仲間を提供できる、②親に話し相手ができ、子育て上の不安軽減につながる、③多様な子育ての状況を見聞きできる（親の視野が広がる）、④子どもの発達に見合った関わりが体得できる、⑤子育ての学習の場になる。（前橋）

■ごっこあそび（copycat play）

あそびの中では、「鬼ごっこ」や「チャンバラごっこ」、「ままごとごっこ」といった「ごっこあそび」をさす。つまり、大人や動物などのまねをして、子どもなりに工夫して、各々の役割を演じて遊ぶのである。「ごっこあそび」には、型にはまった規則はない。「ままごと」ごっこを例にあげると、子どもたちが演じる父親は、それぞれ自分の父親の様子を思い浮かべながら、十人十色の父親を演じる。一定の父親像は、そこにはない。頑固な父親を演じる子、やさしい父親を演じる子、母親に頭のあがらない父親を演じる子など、様々である。いろいろと工夫して、思い思いにまねて演じるあそびのことである。（前橋）

■骨折（fracture of bone）

外力によって、骨の連続性をたたれた状態をいう。完全な骨折と、たわんだり、ひびが入っただけの不全骨折があり、不全骨折の場合は、レントゲンをとってもわからない場合がある。子どもの骨は、発育途上にあるので、まだ十分にカルシウムが沈着していないため、大人のように硬くなっていない。そのため、この不全骨折が多い。子どもの骨折は、修復するのが早く、不全骨折でも元通りに治癒する場合がある。しかし、骨折部位がずれたり、ゆがんだりしたまま修復した場合、変形や機能障害を起こすことがある。痛みが強いときや、腫れや内出血が強い場合、1～2週間たっても痛みがひかない場合は、病院に行って、骨折であるかどうかを、診断してもらうことが必要である。（前橋）

■骨折の処置
(measures of the bone fracture)

骨折を疑うような強い痛みを訴えるときは、骨折部を動かさないようにする。骨折部を動かすと、血管や神経を損傷するので、そのままの形で固定する。出血と腫れを最小限にするために、骨折した部位は下に下げないで、挙上する。上肢の骨折が疑われる場合は、脱臼時と同様に、腕を上半身に固定する。下肢の場合は、足をまっすぐに伸ばし、健足を添え木として患足を固定する。両足の間にタ

オルや衣類などをはさんで、三角巾で①足首、②足の甲、③膝の上、④膝の下を縛って固定する。腫れている部分は、しばらないようにすること。結び目は、健足の上になるようにしてしっかり結ぶ。足の下に座布団をおいて、患足を挙上して、病院に運ぶこと。（前橋）

■固定遊具
(fixed playground equipment)

公園や幼稚園・保育所、こども園、学校などに、主として子どもの利用に供することを目的として、本体の一部が地床上に固定されている遊具。ぶらんこ、すべり台、シーソー、ジャングルジム、ラダー（雲梯）、複合遊具、その他これらに類するもの。固定遊具でのあそびを通して、身体的側面だけでなく、社会的、知的、情緒的、精神的側面から、子どもの健全育成ができる重要な施設である。（宮本）
【国土交通省：都市公園における遊具の安全確保に関する指針，国土交通省，p.2，2014．】

■固定遊具の安全性
(safety of the fixed playground equipment)

安全性への配慮は、遊具には不可欠である。まずは、設置に先立ち、あそびの動線を考慮した遊具の配置を周到に考え、子どもたちが出合い頭にぶつかったり、運動の流れが極度につまったりしないよう、安全、かつ、スムーズに、あそびが展開できるようにしておくことが大切である。

また、安全のためには、十分な空間を確保すること（安全領域の確保）も、極めて重要である。この空間内には、照明灯やマンホール、縁石などの施設や、石やガラス等の異物があってはならない。（前橋）

■子どもの権利条約
(Convention on the Rights of the Child)

1989（平成元）年11月に、国連総会で採択された法的拘束力のある条約であり、現在の子どもを取り巻く環境の悪化から、子どもをいかに救済・保護するかとともに、「子どもの最善の利益」を保障するために、どのような権利が現在の世界の子どもたちに必要なのかを示している。（前橋）

■子どもの人権オンブズマン
(human rights ombudsman of the child)

子どもの人権専門委員の通称で、子どもをめぐる人権問題に適切に対処するため、特に、弁護士、教育関係者などの人権擁護委員の中から選任されている。（前橋）

■ゴムステップ渡り
(rubber step passes)

斜めに固定したゴム製のステップに乗って、リズミカルに渡るあそび。

ステップに乗って落ちないように渡っていくことにより、平衡性を養うとともに、身体認識力や空間認知能力を育てる。バランスをとって渡ることで、平衡系運動スキルも育成する。（前橋、ジャクエツ）

■**転がりあそび**（fall down and play）

　土手すべりやマット上での転がっての
あそびを指す。回転、加速度、揺れ感覚を
刺激するようなあそびのことで、前庭感
覚、固有感覚の統合に効果がある。（前橋）

■　さ　■

■**さかあがり**
（forward upward circling on the hori-
zontal bar）

　鉄棒を肩幅くらいに握り、鉄棒を軸に
上への運動と後ろへの運動を同時に行
い、一回転して腕支持の姿勢になる運動
のこと。（永井）

■**逆立ち（倒立）**（a hand stand）

　両手をついて、両足を上に上げ、から
だを逆さにして立つこと。立った姿勢の
逆。倒立。（永井）

■**サーカディアンリズム（概日リズム）**
（circadian rhythm）

　24時間よりやや短い周期の生体リズ
ム。体温では、生体リズムにしたがっ
て、1日のうちに、0.6～1.0℃の変動を
示す。日常生活では、一般に、午前2時
～4時の夜中に最も低く、午後3時～5
時の昼間の後半に最高となる一定の概日
リズムをもつ。（前橋）

■**サーカニュアルリズム**
（circannual rhythm）

　ほぼ1年の周期をもった生体の活動リ
ズム（概年リズム）のこと。（前橋）

■**サッカー**（soccer）

　長方形のコートの両端にゴールを設置
し、脚を使って相手ゴールに攻め込み、
シュートを決めるゲーム。手以外の部位
（頭、胸など）を使用する。本来11人制
で行われるが、現在は、日本サッカー協
会からの通達で、小学生にはボールに触
れる機会を増やすために、8人制のゲー
ムが推奨されている。（池谷）

■**散歩**（walk）

　気晴らしや健康のために、ぶらぶらと
気の向くままに歩くことである。歩くこ
とで、筋肉量が増え、代謝もあがり、カ
ロリー消費にもつながるレクリエーショ
ン的活動のひとつでもある。距離や時間
にこだわらないで、まず、自分のペース
に合わせて、いつでもどこでも手軽に始
めることができる。さらに、家族で行う
ことで、地域の避難場所やルート等の確
認ができる利点もある。（阿部）

■**3033運動**（3033 execise）

　運動の大切さを、生活の中で、どのよ
うにして実現していったらよいのかを示
している運動で、1日30分、週3回、3
ケ月継続して、運動やスポーツを行い、
運動を生活の一部として習慣化する呼び
かけである。脳や神経が著しく発達する
幼少年期に、様々な運動や運動あそびを
少なくとも1日30分は体験させること
で、体力の向上はもとより、自律神経の
働きを高め、生活リズムの改善や言語能
力の発達、知的面の成長に効果がある。
とくに、近年、目立ってきた体温異常を
はじめとする自律神経機能の低下の原因
の多くは、遅寝・遅起き、朝食の欠食、
運動不足である。子どもに早寝の習慣づ
けをするためには、日中の運動あそびの
時間を増やし、ぐっすり眠れるように、
疲れを誘発させることが大切である。

1）1日30分：まずは、気軽にからだを
　動かす。10分程度の運動を、あわせ
　て30分でもよい。

2）週3回：できれば、2日に1回、運
　動をする。例えば、月・水・金とか、
　火・木・土とか、まとめて行うより

も、コツコツ運動することが、運動の生活化と効果が期待できる目安である。

3）3ヶ月間：3ヶ月間、運動を続けることで、自動的にからだを守ってくれる自律神経の働きが良好になり、自ら考え、意欲的に、自発的に、取り組む元気が出てくる。（前橋）

■三点倒立（three point of handstand）

マットや床の上で、三角形の各頂点の位置に頭・手をつき、尻と両足を上げ、からだを逆さにして立つこと。頭と両手の三点でからだを支え、倒立をすること。（永井）

■3間（サンマ）
(Sanma: friends, time and space)

「あそび仲間、あそび空間、あそび時間」の三つの間（マ）をとって「サンマ」と言う。近年の子どもを取り巻く生活環境や社会構造の変化、少子化のネガティブな影響が、「サンマ」の減少・喪失の背景にある。塾やお稽古事、スポーツ教室などの教育産業、健康産業の普及により、地域で遊ぶ時間と仲間が減少した。そして、事件や事故の心配もない安全な室内でのテレビゲームや既成の玩具あそびが多くなってきた。かつて、子どもたちは、子どもだけの異年齢集団で原っぱや路地であそびのルールをつくり、知恵を出し合い、全身を使って遊び込む中で、ルールを守り合う人間関係をも学んだ。前橋（2003年）は、サンマの1つでも欠けることを「間抜け現象」と称し、大脳の活動水準の低下を懸念した。地域における子どもたちのあそび場（あそび空間）がなくなったということは、「子どもたちだけの社会もない」という意味を含んでいることを指摘している。

子どもの自発的なあそびが豊かに育まれるための、3間（サンマ）の保障を、大人たちが努力していかねばならない。（佐野）

【前橋　明：食べて動いてよく寝よう！大学教育出版, pp.30-31, 2012.】
【前橋　明：児童福祉論, チャイルド本社, pp.54-56, 2003.】

■三輪車（a tricycle）

3つの車輪からなる乗り物の総称。幼児がよく使うものとして、前1輪・後2輪の3輪で、前輪にペダルとハンドル、前輪と後輪の間にサドル（座面）のついた乗り物。（永井）

■し■

■シーソー（see-saw）

固定遊具の一つで、長い板を中央で支えた遊具。両端に人が乗って、交互に上下させて遊ぶ。ギッタンバッコンともいう。（永井）

■しっぽとり（take the tail and play）

紐や布などを、しっぽに見立ててズボンの後ろへはさみ、互いのしっぽをとり合う追いかけっこ。しっぽをとられたら、負けとなる。（永井）

■弛緩（relaxation）

ゆるむこと。たるむこと。慣用読みで「ちかん」とも言う。（楠）

■紫外線（ultraviolet rays）

電磁波の総称で、波長の長さによってA波（長波長）とB波（中波長）とC波（短波長）の3種類に分かれている。この中で、健康に欠かせないのがA波とB波で、A波には細胞の活動を活発にして、その生まれ変わりを促進させる作用がある（日光浴）。B波には、皮膚や肝臓に蓄えられたビタミンD_2をビタ

ミン D₃ に変える役目があり、食物から摂取したカルシウムを体内カルシウムに再生して、骨格を作り、神経伝達を良くする。（前橋）

■持久力（endurance）

用いられる筋群に負荷のかかった状態で、いかに長時間作業を続けることができるかという筋持久力（muscular endurance）と、全身的な運動を長時間継続して行う呼吸・循環（心肺）機能の持久力（cardiovascular/respiratory endura-nce）に、大きくわけられる。（前橋）

■施策（a policy）

（政治家や役人が）実地に行うための計画や対策を立てること。また、その計画や対策をいう。（前橋）

■姿勢教育（posture education）

正しい姿勢、よい姿勢をとるよう指導する教育のこと。まだ骨格が固まっておらず、癖としても固着していない小学校の低学年期までが適時期である。一度、悪い癖が身につくと、姿勢を矯正していくには時間がかかり、子どもの大きな努力が必要となる。（前橋）

【前橋　明著：姿勢と座り方，運動・健康教育研究 7（1），pp.7-14，1997.】

■姿勢の矯正（correction of the posture）

姿勢の矯正には、装具や固定具を用いる方法と体操によって矯正する方法とがある。装具や固定具を用いる方法は、使用中はからだの一部、あるいは筋の一群の運動を押さえるため、からだの形は整うとしても、機能上の不均衡を残す恐れがあるので、できるかぎり早期に正しい姿勢を習慣化させたい。

体操による矯正は、小学校低学年期には全身の均整のとれた発育と自由に動くからだづくりをねらってほしい。また、小学校高学年期に入ると、矯正に必要な体操を反復して行わせることが大切である。姿勢をよくする体操としては、背筋や腹筋を強くする体操を主に行わせたい。（前橋）

■肢体不自由児（a physically handicapped child）

四肢（上肢・下肢）、体幹などの機能が不自由な状態にある子ども。（前橋）

■肢体不自由児施設（institute for physically handica-pped child）

長期にわたり、治療訓練を必要とする身体障害をもつ子どもたちが、親から離れて医学的治療を受けるとともに、自立に必要な知識や技能を獲得するために生活する施設である。（前橋）

■至適運動（befitting exercise）

その個人の状態に相応しい運動の質量や形態を意味する運動で、適度な負荷があり、安全の上限を超えることなく、しかも、有効の下限を下回ることのない理想的な運動の質量・形態・嗜好を指している。（鈴木）

■児童（a child, children）

満 18 歳に満たない者。満 1 歳に満たない「乳児」と、満 1 歳から小学校就学の始期に達するまでの「幼児」、小学校就学の始期から満 18 歳に達するまでの「少年」に分けている（児童福祉法第 4 条）。（前橋）

■児童委員（commissioned child welfare volunteer）

児童委員は、児童福祉法に基づいて、市町村の区域に置かれている民間奉仕者であり、担当区域内の子どもたち、お

よび、妊産婦について、保護、保健、その他の福祉に関し、適切な指導や援助を行う。児童相談所や福祉事務所などの行政機関の「児童・母子・知的障がい者の福祉」に関する業務の遂行に協力することを職務としている。すべての民生委員が、児童委員とされている。（前橋）

■児童家庭福祉
(the child home welfare)

児童だけでなく、児童と家庭を単位にして、健康で文化的な家庭機能の確立を基盤としなければならないと考える概念。（前橋）

■児童館
(child welfare residential facility)

児童遊園と並ぶ児童厚生施設の一種で、主に18歳未満の子どもたちに対し、健全なあそびを与えて健康を増進させる一方、情操を豊かにすることを目的とする施設である。（前橋）

■児童虐待 (child abuse)

親や、親にかわる養育者が、子どもに対して行う心理的・身体的暴行や性的暴行、放置のこと。（前橋）

■児童憲章 (the Children's Charter)

「日本国憲法の精神にしたがい、児童に対する正しい観念を確立し、すべての児童の幸福をはかる」ことを目的とする規約。「児童福祉法」の精神を、広く国民に理解してもらうための国民的協約であるが、法律ではない。「児童は人として尊ばれる」「児童は、社会の一員として重んぜられる」「児童はよい環境の中で育てられる」を三つの柱とする。（前橋）

■児童権利宣言
(Child Declaration of Rights)

「世界人権宣言」を具体化したもので

あり、国連総会において採択された。「人類は、児童に対し、最善のものを与える義務を負う」としている。（前橋）

■児童厚生施設
(child public welfare facilities)

児童福祉法に基づく児童福祉施設の一種であり、屋外は児童遊園、屋内は児童館という名称で運営されている。児童に健全なあそびを与えて、その健康を増進し、または情操を豊かにすることを目的とする施設。児童厚生施設には、児童のあそびを指導する者（児童厚生員）を置かねばならないとされており、児童の自主性、社会性および創造性を高め、もつて地域における健全育成活動の助長を図るように指導するものとされている。（宮本）
【児童福祉施設の設備及び運営に関する基準37条〜40条】

■児童厚生員
(member of child public welfare)

地域の18歳未満のすべての子どもに、安全な遊び場や学習の場を提供し、その健康の増進と豊かな情操を育む一方、社会関係になじませるために様々な指導を行う。児童厚生員が働く場は、子ども会や母親クラブ等、地域の組織活動の拠点的役割も果たす。（前橋）

■児童指導員 (child instructor)

家庭の事情や障害などのため、児童福祉施設で生活を送っている児童に対し、保護者に代わって、生活指導を行う指導者。子どもたちに対する生活指導計画の立案や会議の運営、内部の連絡・調整、対外的な折衝、ケースワーク等を通じての家庭的援助、子どもの引き取りをめぐる親との面接、児童相談所や学校など、周囲との調整を行う。（前橋）

■児童自立支援施設
(children's self-reliance support facility)

不良行為を行ったり、犯すおそれがあり、かつ、保護者による看護が適切でない家庭環境などの理由により、生活指導などを要する子どもたちを入所させ、教育と保護を行って、児童の自立を支援する施設である。(前橋)

■児童自立支援専門員・児童生活支援員
(member of children's self-reliance support specialty, member of child life support)

児童自立支援施設に入所、保護されている18歳未満の児童を、健全な社会の一員として復帰させるため、親代わりになって、その教育と自立・生活支援を行う。施設で寝食をともにしながら、生活や教育、職業などについて指導し、集団生活に耐えることができるように援助する。(前橋)

■児童相談所 (child consultation)

18歳未満の児童を対象に、養育困難、育児に問題がある場合などの相談を受け、適した援助を行う児童福祉の中心的な機関である。各都道府県、指定都市に義務設置されており、専門的な角度から児童や保護者などに対し、調査・診断・判定を行い、それに基づき、指導や措置を行う。必要に応じ、一時保護も行う。(前橋)

■児童福祉法 (the Child Welfare Act)

1947(昭和22)年公布。児童の生活を保障するとともに、心身ともに健やかに育成されることを目的とする児童に関する総合的な法律であり、今日の児童家庭福祉の施策体系の基本。「児童が人として人格を尊重され、健全に育成されな

ければならないこと」、「次代の社会の担い手として、児童の資質の一層の向上が図られなければならないこと」を理念とする。児童の育成の責任は、保護者だけでなく、国や地方公共団体も、ともに負うとされている。(前橋)

■児童養護施設 (foster home)

保護者がいない、または、いても養育能力がない、登校拒否や家庭内暴力によって養育できない、もしくは虐待を受けている等、家庭環境上の問題を抱えさせられている1歳〜18歳未満の子どもを預かり、家庭復帰をさせたり、社会的に自立をさせたりする施設である。(前橋)

■示範 (demonstration)

習得させたい運動を実際に行って見せることによって、運動の学習過程を援助することを言う。示範を効果的に行うには、示範をする指導者が、学習させたい運動を十分マスターしていることが要求されるが、状況によっては習熟レベルが近い子どもたちの中から、示範させることが効果を発揮することも多い。(前橋)

■自閉症 (autism)

脳の中枢神経系に何らかの機能障害があるために、外からの情報や刺激を適切に処理できない、言語の理解が困難、コミュニケーションがうまくとれない、周囲の変化にうまく対応できずに混乱をきたしてしまう(パニックを起こす)、同じような行動を反復する、過敏さやこだわりが強い等の特徴が見られる発達障害。(前橋)

■社会体育 (physical recreation)

体育という二語がありながら、概念用語としてのその意味を表わす英訳は、Physical Recreation であり、レクリエー

ション領域の身体的部分としての存在で、教育を意味してはいない。すなわち現実論ではなく、本質論として捉えれば、社会体育や生涯スポーツはレクリエーションの中の一領域であるフィジカルレクリエーションとしてのスポーツということになる。（鈴木）

■**社会的レクリエーション**
　（social recreation）

　談話、会合、団体ゲーム（social game）などで、Social は交流を意味する Social Dance は、そのため社交ダンスと訳されており、交流がなされるダンスの意。（鈴木）

■**社会福祉協議会**
　（Council of Social Welfare）

　社会福祉協議会は、地域福祉の推進を図ることを目的に活動を行っている民間組織である。

　市町村、都道府県を単位に設置されており、全国の市町村（市町村社会福祉協議会）、都道府県（都道府県社会福祉協議会）、中央（全国社会福祉協議会）の各段階に組織されている。主な事業として、社会福祉を目的とする事業の企画および実施、社会福祉に関する活動への住民の参加のための援助、社会福祉を目的とする事業に関する調査、普及、宣伝、連絡、および助成などがある。（宮本）

【社会福祉法　第109条】

■**ジャングルジム**（Jungle gym）

　固定遊具の一つで、パイプを縦と横に間隔を揃えて組み、さらに、それを複数の層に組んだ立方体のもの。手足を使って登り降りをしたり、横へ移動したりする遊具。（永井）

■**シューエデュケーション**
　（shoes education）

　正しい靴の選び方と履き方の教育のこと。人間工学とドイツの整形靴理論に基づいており、足のトラブル予防とケガの予防を目的としている。正しい靴行動を行うために必要な3つの力を、前提としている。それらは、【1. 靴の機能性選定力】靴の性能や機能性に対する正しい知識を元にした靴選びができる。【2. 靴サイズ選定力】足の正しい寸法を測って適切なサイズの靴を購入できる。【3. 正しい履き方行動力】靴の正しい履き方を知っており、日常生活行動として身につけている。対象年齢としては、自分で靴を履き始める2歳頃をスタートと位置づけており、2〜9歳までには正しい履き方教育を行い、10歳以上には正しい靴の選び方教育も加味して指導する。なお、靴の機能性選定力と靴サイズ選定力は、子ども靴を買い与える保護者が確実にもっているべき力であり、正しい履き方行動力は、子どもたち自身が身につける必要がある。（吉村）

■**シューエデュケーター**
　（Shoe educator）

　靴教育の指導ができる知識と技術をもった教育者のこと。（吉村）

■**重症心身障がい児**
　（a severely handicapped children, severe mentally and physically handicapped children）

　知的発達の遅れ（知的障害）と肢体不自由が重複し、そのどちらもの程度が重度の状態にある子どもをいう。（前橋）

■**重度障がい児**
　（severely disabled children）

　重度の障害の状態にあるために、日常

生活をするうえで、常に介護を必要とする者。(前橋)

■柔軟性 (flexibility)

からだの柔らかさのことで、身体をいろいろな方向に曲げたり、伸ばしたりする能力のこと。この能力が優れていると、運動をスムーズに大きく、美しく行うことができる。(前橋)

■受動的レクリエーション (passive recreation)

見たり、聞いたり、読んだりする種類のものが中心を占め、感覚器官を通じて受動的に行われるもの。参加者が比較的努力を要しないで楽しめるもの。レクリエーションのレベルからすれば、くつろぎ、気ばらし、気分転換などの領域である。(鈴木)

■受容あそび (acceptance play)

様々な視聴覚遊具・機器などを用いて行われる。基本的には、受容形式で楽しむあそびの総称である。現代社会においては、この受容あそびは非常に拡大し、乳幼児のあそび時間の多くが、このあそびに向けられるようになっている。読書、ビデオやテレビの視聴、CDを聞くこと等があげられる。受容あそびは、豊かなイメージを育て想像力をかき立てたり、日常の生活では経験できないことを見たり聞いたりすることもできるので、一般に乳幼児は非常にこれを好むとされている。用いる遊具や内容の質に配慮しながら、単に受容に終わらず、言葉や身体表現など、何らかの形で表現できる機会を同時に与えていくことが必要である。(松原)

【小田 豊監修:保育内容総論, 三晃書房, 2002.】

■ジュニアスポーツ指導員 (junior sports instructor)

2005年4月、少年スポーツ指導者が改称され、ジュニアスポーツ指導員となった。地域スポーツクラブ等において、幼・少年期の子どもたちにあそびを通した身体づくり、動きづくりの指導を行う指導者で、(財)日本スポーツ協会が認定している。(前橋)

■瞬発力 (power)

パワー(power)という言葉で用いられ、瞬間的に大きな力を出して運動を起こす能力をいう。筋力を瞬時に発揮する能力で、短距離を速く走ったり、遠く・高く跳んだり、物を投げたりする運動やあそびで養成される。(前橋)

■傷害 (injury)

人にケガをさせること。(前橋)

■障がい児 (handicapped child)

心身に障害をもつ児童。20歳未満で、一定の障害の状態にある者。(前橋)

■松果体ホルモン（メラトニン） (melatonin)

睡眠を促す働きがある。この松果体ホルモン(メラトニン)の分泌が、健康な状態では、午前0時頃にピークとなり、脳内温度(深部体温)を低下させるので、神経細胞の休養が得られ、ヒトは良好な睡眠がとれるのである。(前橋)

■商業娯楽としてのレクリエーション (commercial recreation)

営利を目的とした経営者によって提供されるレクリエーション。(鈴木)

■少子化 (declining birthrates, decrease in the number of children)

子どもの数が減少傾向にあることで、出生数と合計特殊出生率を指標にして示

される。少子化の背景には、晩婚化の進行と夫婦の出生力の低下などがある。(前橋)

■象徴あそび (symbolic play)

身のまわりのものを、それとは違ったものに見立て遊ぶことをいう。ごっこあそび、想像あそび等とも、同じ概念である。ピアジェ (Piaget, J, 1896-1980) は、幼児期に記号的な機能が芽生えてきたと兆候をとらえている。おおむね2〜5歳にかけて、このようなあそびが現れる。一般的には、本当のことではないことを知りつつ、それを本当のもののようにして遊ぶ。時には自分の思いどおりにならずに相手に要求したりして、自分の描いたあそびの世界に自分を置き、自分で演出しているようなものである。(松原)

【小田　豊監修：保育内容総論，三晃書房，2002】

■情緒障害／情緒障がい児

(an emotionally disturbance, an emotionally disturbed child)

情緒障害は、人間関係のあつれき等を原因として、感情面に歪みを生じ、その結果、起こってきた行動障害のことで、情緒障がい児は、情緒を適切に表出したり、抑制したりすることができない子ども。(前橋)

■小児生活習慣病

(children's lifestyle related illness)

食習慣の乱れや運動不足が大きく関与して、子どもたちに生活習慣病がみられるようになった。食習慣では、動物性脂肪の過剰摂取と過食傾向（間食、夜食など）、および、過保護と放任（孤食、偏食、小食）が問題となっている。生活が夜型に偏れば、夜食や起床時刻の遅れによる朝食欠食など、食生活の乱れの連鎖

が生じる。また、睡眠不足から「疲れ、だるさ」等の疲労症状が増し、運動意欲が著しく低下する。1日1回は、家族揃って食卓を囲むひと時をもつこと、戸外での運動に努める等して、家族の生活を見直すことが求められる。(前橋)

■触刺激のあそび

(play of the most moving passage stimulation)

風や熱（ドライヤー）、水や湯（シャワー）、風や水の勢いを調節することにより、様々に皮膚の刺激の強さを変化させ、皮膚の触感覚を促進するあそび。水あそび、ボールプール、砂あそび、フィンガーペインティング、粘土などの感覚あそびをいう。(前橋)

■触診 (palpation)

触診は、遊具の安全点検方法の一つで、素手で触り、ぐらつきやささくれ等がないかを確認すること。手すり部、床板など、破損・摩耗箇所を調査する。(前橋)

【前橋　明編：運動遊具の安全管理・安全指導スペシャリスト，大学教育出版，2016.】

■ 職場レクリエーション

(industrial recreation)

企業体が職域の人に提供したり、職場の人が職域において自らの手で行うレクリエーション。(鈴木)

■自律神経 (autonomic nerve)

自律神経は、内臓や血管、腺などに分布し、生命維持に必要な呼吸、循環、消化吸収、排泄などの機能を無意識のうちに自動調節する。人間が昼に活動し、夜眠るというリズムがあるように、自律神経も日中は交感神経が優位に緊張し、夜眠るときは副交感神経が緊張するとい

うリズムがある。人間の生活リズムが乱れると、自律神経の本来もつ機能が低下し、温度変化に対する適応力、汗せんや体温調節機能がますます低下する。（前橋）

■人為的レクリエーション
(artificial recreation)

都市におけるレクリエーションのように、主として人為的に構成された施設・道具を利用して行う種類のもので、映画、スポーツ観賞、テレビ、ラジオ等。（鈴木）

■身体活動の効果
(effect of the physical activities)

筋肉は、運動することによって強化される。砂あそびやボール投げ、ぶらんこ・すべり台・ジャングルジム等を利用してのあそびや身体活動は、特別な動機づけの必要もなく、ごく自然のうちに運動となり、筋力をはじめ、呼吸循環機能を高め、身体各部の成長を促進していく。つまり、動くことによって、体力や健康が養われ、それらが増進されると、幼児は、より活動的な運動を好むようになり、同時にからだの発育が促されていく。ただし、発達刺激としての身体活動は、身体的発達を助長するばかりでない。そこから、結果として、情緒的な発達、社会的態度の育成、健康・安全に配慮する能力などを養い、人間形成に役立っていく、必要不可欠で、かつ、極めて重要なものといえる。（前橋）

■身体的レクリエーション
(physical recreation)

レクリエーションは、知的領域、情意的領域、身体的領域と人間活動のすべてに現れるが、スポーツ、ダンス、野外活動など、身体的領域に関わるレクリエーション。（鈴木）

■身体認識力
(physical cognition, body awareness)

身体部分（手、足、膝、指、頭、背中など）とその動き（筋肉運動的な動き）を理解・認識する力で、自分のからだが、どのように動き、どのような姿勢になっているかを見極める力である。（前橋）

■新体力テスト
(New physical fitness test)

文部省（現：文部科学省）が、昭和39年以来、国民の体力・運動能力の現状を把握するために実施してきた「スポーツテスト」を全面的に見直して、平成11年度の調査から導入した体力・運動能力テスト。テスト項目は、6～11歳（小学校）、12～19歳（青少年）、20歳～64歳（成人）、65歳～79歳（高齢者）に区分し、定められている。例えば、6～11歳のテスト項目は、握力、上体起こし、長座体前屈、反復横とび、20mシャトルラン、50m走、立ち幅とび、ソフトボール投げである。（前橋）
【文部省著：新体力テスト－有意義な活用のために，ぎょうせい，2000.】

■ す ■

■随意運動 (voluntary movement)

運動は、神経の働きによって、無駄なく上手に行われるように調整されている。大脳の判断によって意識的に行われる運動を随意運動といい、無意識のうちに脳幹や小脳、脊髄などによって行われる運動を反射運動という。実際の運動は、随意運動と反射運動がうまく組み合わさって行われる。（前橋）

■水泳 (swimming)

海・川・プール等、水に入って泳ぐこ

と。また、水を使って遊ぶこと。水泳は、水の中を泳ぐことであるが、水慣れから初歩の泳ぎまでには、①水慣れの段階、②呼吸法や浮くことに慣れる段階、③初歩的な泳ぎの段階がある。幼稚園や保育所では、夏季の保育においてプールあそびとして取り上げられているが、水を怖がる子や不安に感じる子がみられる。これらの水に対する怖さや不安感は、見た目、皮膚感覚、痛感、不安定感、息苦しさ等から生じる。したがって、そうした子どもをつくらないようにするためには、水あそびから泳ぎへの系統的な指導の中で、いかに楽しさをたくさん経験させていくかが重要となる。（永井）

■水分摂取

　(water intake, fluid intake)

　幼児は、大人に比べて体内の水分の割合が高いので、汗をかくと、大人より早く脱水になりやすいので、炎天下や夏の室内での運動時には、水筒を持参させるとよい。水筒には、麦茶を入れておくとよい。室内で運動する場合は、風通しを良くする。温度や湿度が高い場合には、熱中症を予防するために、大人より短い間隔で、休養や水分摂取を勧める。幼児の年齢によっては体力が異なるので、2〜3歳児は、4〜6歳児より頻回の休養

と水分摂取を促してもらいたい。（前橋）

■睡眠と活動のリズム

　(sleep and activity rhythm)

　赤ちゃん時代には、「起きて寝て」、「起きて寝て」を繰り返しながら、トータルでみると、睡眠を少なくとも16時間は取る。そして、だんだん食を進めて体格ができ、太陽が出ている時間帯に動くようになって、体力がついてくる。体力がついてくると、睡眠の部分が減ってくる。4〜5歳くらいになると、昼寝を合わせると、図の右側で示す1日の睡眠時間になっていく。そして、成長していくと、昼寝をしなくてもいい、そういう、強いからだができてくる。つまり、脳が発達し、体力がついてくると、寝なくてもよい時間が増えてくるのである。逆に、体力が未熟な子どもは、幼児期の後半〜児童期になっても、まだまだ昼寝が必要な子どももいる。やがて、成人をすぎ、高齢になると、体力が弱まってきて、また、複数回眠るという状況になる。そういう生理的なリズムを、ヒトは原始時代から、太陽とつき合って生活する中で築き上げてきたのである。

　5歳くらいでは、午後8時くらいには眠れる生理的リズムをもっている。夜間は少なくとも10時間、昼寝を入れると

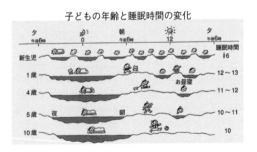

子どもの年齢と睡眠時間の変化

11時間くらいは寝るからだになる。つまり、幼児期から、夜間はだいたい10時間程度の連続した睡眠が取れるようになってくる。(前橋)

■スキップ (skip)

片足ずつ、2回跳びはねながら、交互に足を入れ替えて移動すること。走ることやジャンプすることが十分にできるようになってから学習する少し複雑な運動形態である。幼児期に習得できるようになるのが普通であるが、小学生になっても上手にできない子どももいる。足だけではなく、手の振りが重要な役割を果たしているため、手と足の協応性が必要となる。(前橋)

■スクールソーシャルワーカー (school social worker)

学校教育の中で、問題解決のためにケースワークやグループワーク、さらには調整や仲介、代弁、連携といったソーシャルワーク的な手法を用いる専門職。(前橋)

■健やか親子21 (Healthy parent and child 21)

21世紀の母子保健の取り組みの方向性を提示するものとして、目標値を含めて計画されたものである。これは、少子化対策としての意義に加え、少子・高齢社会における国民の健康づくり運動「健康日本21」の一環となるものである。(前橋)

■ストレス (stress)

外からの刺激によって、体内に発生する正常でない反応。精神的な心配、不安、焦燥、不快などが肉体的な飢餓、傷、過労などと同等に、肉体的にも、精神的にも障害を与えること。(前橋)

■ストレンジ (Strange, Frederic William)

ストレンジ教授(1854-1889)は、1875年に来日し、わが国の学校体育の萌芽期に外国のスポーツを学校生活にとり入れただけでなく、運動会が学校行事として確固たる地位を占めるまでに発展させたという貴重な功績を残したイギリス人である。1883(明治16)年に、ストレンジ教授の尽力により、東京大学にて運動会が開かれた。この運動会では、競技というものが、公平に、かつ公正に、はっきりとしたルールによって行われるべきであるという競技者心得が示された。このストレンジ教授の考え方は、1884(明治17)年に開かれた東京大学レースクラブの「ボートレース」のときにも、はっきりと示された。勝った者に賞品を与えず、その代わりに、メダルを授与した。日本人的感覚からいくと、勝者に対し「よくやった、ほうびをとらせるぞ」という昔からの伝統的なやり方で競技の気分を盛り上げることが普通であったが、ストレンジ教授は、当時の日本人に対し、①苦労して練習し、全力をあげて試合をすること、②きちんとしたルールにしたがって、公平・公正に試合をすること、③試合の記録を大切にすること、④賞品をあてにしないことを教えてくれた。つまり、賞品をめあてとしないで、競技すること自体に価値があることで、そのためには、正確な計時や記録を残し、公正でかつ公平に競技をすすめなければならないということであった。このときの考え方は、日本のスポーツ界に強い影響を与えており、日本のアマチュアスポーツの基礎ともなっていった。(前橋)

■**砂場**（play in a sandbox, a sandpit）

公園・運動場などの一画を掘って砂を入れた所。子どもの砂あそびや跳躍競技の着地場にする。（永井）

■**スピード**（speed）

物体の進行するはやさをいう。動作や行動の速度、速さを表す外来語。（前橋）

■**スプリング遊具**

（spring playground equipments）

固定遊具の一つで、地面に鉄製のスプリングを固定し、スプリングの上に座面と持ち手を付けた遊具。座面にすわり、前後に振動させて遊ぶ。（永井）

■**すべり台**（playground slide, slider）

固定遊具の一つで、斜めに傾斜した板の高いところから、滑って降りる子ども用の遊戯設備。公園や校庭、園庭に標準的に設置されるすべり台は、シンプルな機能をもっているが、おもしろさがいっぱいある。（前橋）

■**スポーツ**（Sports）

"本来の仕事（必ずしも労働を意味せず、むしろ、本人に課せられた義務）から心や体を他に委ねる身体運動と運動競技である"とすれば、スポーツ軸を広げているスコープは、スポーツそのもののもつ特質の強弱に関係していることが理解できる。気楽に、楽しく、いつでも、誰でもができる"みんなにスポーツ"いわゆる Sports toward All［スポーツの種目的・体力的難易度から判断をしがちな意味での"みんなのスポーツ"（Sports for All）では決してない］という考え方の普及をすすめることが重要である。「本来の仕事から心や体を他に委ねる形態でなされる身体運動（physical exercise）と運動競技（athletic competition）である。」スポーツの特質

は、①非日常性、②競技性、③規則性（客観的側面を有するスポーツを創り上げているルールと主観的側面を有するスポーツを運用するルールとからなる）、④フェアプレイであり、これらの特質が強まると運動競技化し、弱まると身体運動化する。（鈴木）

■ **せ** ■

■**正課体育**

（physical education of a regular curriculum）

幼稚園の教育時間内に行われる体育活動。マット、跳び箱、鉄棒といった器械運動、縄跳びやボール等の用具を使った運動、そして、鬼ごっこや簡易ゲームのような身体を使ったあそび等、幅広い運動内容が学べるように展開されている。（池谷）

■**生活習慣病**

（lifestyle-related disease）

動脈硬化・心臓病・高血圧症・糖尿病・悪性新生物（ガン）など、不適切な食事、運動不足、喫煙、飲酒などの生活習慣が起因と考えられる病気をいう。1996年に、厚生省（現在の厚生労働省）によって、それまでの「成人病」という呼び方が改められた。（前橋）

■**生活リズム**

（life rhythm, daily rhythm）

人間は、毎日、リズムのある生活をしており、例えば、午前7時に起床して午後9時に就寝するというのが生活のリズムである。朝に目覚めて夜は眠くなるという生体のリズム、銀行は午前9時に開店して、午後3時に閉店するという社会のリズム、朝の日の出と夕方の日の入りという地球のリズムがある。

原始の時代においては、地球のリズムが、即、社会のリズムであった。その後、文明が進み、職業が分化して、生活のリズムも少しずつ規則正しくなり、食事も1日3食が普通となっていった。さらに、電灯が普及し、活動時間が延びると、社会のリズムが地球のリズムと一致しない部分が増加してきた。活動時間も長くなり、現代では、24時間の勤務体制の仕事が増えて、生活のリズムは、このような社会のリズムの変化に応じて変わってきた。夜間のテレビやビデオ視聴をする子どもや両親の乱れた生活のリズムの影響を受けて夜型生活をして、睡眠のリズムが遅くずれている子どもたちは、生活のリズムと生体のリズムが合わないところに、ますます歪みを生じ、心身の健康を損なう原因となっている。(前橋)

■**生物時計**（biological rhythm）

　生物の行動のリズムが外環境からの時間の手がかりのない状態でも観察されることより、生物の体内にリズムを作る時計があることを示す。これを生物時計（biological clock）、あるいは体内時計（endogenous clock）と呼び、体内時計によって表されるリズムが生体リズムであり、生物の表すリズムという観点からは、生物リズム（biological rhythm）という。(前橋)

■**生体リズム**（biorhythm）

　体内時計によって表されたリズムを生体リズムというが、生体リズムの種類には、24時間よりやや短い周期の生体リズムを表すサーカディアンリズム（circadian rhythm、概日リズム）や、ほぼ1年の周期をもった生体の活動リズムであるサーカニュアルリズム（circannual rhythm、概年リズム）等がある。また、1日の周期をもったリズムで、外環境に対する受け身の反応も含む場合を日周リズム（diurnal rhythm）と呼ぶ。そして、日周リズムを表す生体機能が、1日のうちに示す変動を日内変動と呼んでいる。(前橋)

■**精密点検**（Precision inspection）

　公園管理者から委託された専門技術者が詳細に行う点検。日常点検や定期点検時にハザードと思われるものが発見され、特に、精度の高い診断が必要な時に専門技術者が行う。(宮本)

【国土交通省：都市公園における遊具の安全確保に関する指針，2014.】

■**セラピスト**（a therapist）

　精神障害や行動障害などの治療技法の訓練をつんだ専門家である。(前橋)

■**セラピューティックエクササイズ**® = **セラエクサ**®

（Therapeutic Exercise®: TE）

　セラピューティックエクササイズ、または、セラエクサ〔®は商標登録（出願人：鈴木秀雄）〕とは、セラピューティック（therapeutic）、すなわち、「治療的、療法的、療育的」意味とエクササイズ（exercise）「身体運動」を意味している。

　定義すれば、「健常（自立している）者のみならず、障害を有する人や要介護状態の人が、意図的あるいは計画的な至適運動、所謂。個人にとってふさわしい運動（befitting exercise）を中心に行うことにより、頭と心と体の積極的な健康の獲得・回復・維持・向上を図る目的で行うエクササイズであり、その運動法」である。

セラエクサ®の具体的考え方（キーワード）

セ　セラエクサ®

ラ　楽に体を動かして……（体活）…1）
　体を使い

エ　笑顔で病気をふっとばし

ク　苦労いらずの語らい楽しみ…（心
　活）…2）心を通わせ

サ　サラサラ脳トレ、イキイキ生活…
　（脳活）…3）頭を働かせる（鈴木）

■セラピューティックスポーツ
(therapeutic sports)

　時としてスポーツを手段化して用い、
またある時には、その活動を楽しむこと
を主たる目的として活用することができ
るもので、処方型プログラムとカフェテ
リア型プログラムの領域が重なり合って
存在しているものである。（鈴木）

■セラピューティックレクリエーション
(therapeutic recreation)

　「レクリエーション的効果と治療・療
法・療育的効果を階梯（段階）的に並存
させた形態で、①障害の予防・軽減、②
健康の回復・維持増進、③福祉の向上を
願う全ての人に対するプログラムであり、
また、そのサービス（提供）をいう」ア
メリカでは、1954 年から資格化されてい
る。（鈴木）

■セロトニン (serotonin)

　愛情や幸福感をつかさどる脳内神経伝
達物質であり、このセロトニンが多く
出ていると、幸福感が感じられるのであ
る。児童虐待をしている母親は、脳のセ
ロトニン量が少ない。このセロトニンが
足りないと、「キレる」、「授業中に走り
回る」という問題行動も起こりやすくな
ると考えられている。（前橋）

■潜在危険 (latent danger)

　潜在危険とは、事故が起こってから、
原因はこれだったのかとわかるようなも
ので、不慮の事故や思いがけない事故

といわれるほとんどは、これが主要因と
なっている。例えば、不慮の事故は、子
どもの場合、何らかの原因が影に潜んで
いることが多い。事故が発生すると、そ
の原因がはっきりするが、普段はそれが
潜んでいるかのようにみえるので、それ
を潜在危険という。潜在危険は、環境の
要因と、行動や能力などの問題による人
為的要因とに大別できる。前者には、天
候、施設や設備の不備や不具合、用具・
道具類の破損や不適合がある。後者に
は、主体的要因として、心身状態の不安
定、服装の不適合、行動の不適合と、周
囲の人的要因として、まわりの人の危険
な行動がある。こうした様々な要因が対
象者の周囲に点在しており、何かのきっ
かけによって、また、いくつかの要因が
重なって、事故となって表出する。それ
ゆえ、対象者を取り巻く環境から、常に
潜在危険を取り除くための配慮や努力を
しなければならない。（前橋）

■前転 (making a frontal turn)

　マット運動や鉄棒などで、からだを前
方に回転させること。（永井）

■全米レクリエーション・公園協会
(NRPA＝National Recreation and Parks Association)

　前身である NRA（全米レクリエー
ション協会）が組織改編され、1965 年
に設立された。（鈴木）

■全米レクリエーション協会
(NRA＝National Recreation Association)

　第 10 回ロサンゼルスオリンピック
（1932 年）開催にあたり、レクリエー
ション世界会議も計画され、その推進母
体としての役割ももち、1930 年に設立
された。（鈴木）

■ そ ■

■総合型地域スポーツクラブ
(integrated community sports club)

地域住民が主体的に運営するスポーツクラブで、複数の活動・種目が用意されており、地域の誰もが、年齢や興味・関心、技術、技能レベル等に対応して参加できる形態である。障害を有する者に対する完全参加と平等を保障していくものでもある。(鈴木)

■総合公園 (General Park)

都市住民全般の休息、観賞、散歩、遊戯、運動など、総合的な利用に供することを目的とする公園で都市規模に応じ1箇所当たり面積 10 ～ 50ha を標準として配置される公園。(宮本)
【国土交通省：都市公園法，1956.】

■操作系運動スキル
(manipulative skills)

投げる、蹴る、打つ、取る等、物に働きかけたり、操ったりする動きの技術をいう。(前橋)

■創造あそび (creative play)

様々な道具や遊具を用いて、素材となるものを基本にしながら、何かを生み出していくあそびの総称。創造あそびは、成人の芸術的創作活動に継続的に発展していくものであるが、乳幼児期には特定の子どもだけでなく、どの子どもにも見られる。子どもの主体性に任せて展開するが、創造の元となる体験をもたせ、製作の際に干渉しすぎないよう留意しながら素材や道具の扱いを援助し、段階的に指導していくことが求められる。(松原)
【小田　豊監修：保育内容総論，三晃書房，2002.】

■想像あそび (imaginative play)

何かをイメージしながらするあそび。想像あそびは、ごっこあそびよりもさらに範疇の広い象徴的あそびである。ごっこあそびの場合には、自らが演じる者に現実生活における社会的役割が付帯している場合が多いが、想像あそびの場合は社会的役割が伴わないものも含まれる。花びらや蝶、鳥になったり、ぬいぐるみ等を用いて、遊具に生命を与え、役柄を演じさせるようなあそびも想像あそびに含まれる。想像あそびは、幼児期の場合、現実と空想が渾然一体となって発生するが、成人の妄想や幻覚とは異なり、幼児期ならではの想像性を源としている。模倣、役割、象徴あそびともいう。(松原)
【小田　豊監修：保育内容総論，三晃書房，2002.】

■創造的レクリエーション
(Creative Recreation)

単なる遊びではなく、創意と工夫が凝らされる活動の段階。瓶の中にヨットを組み立てる、チャレンジする意図をもった独自の活動などが含まれる。(鈴木)

■ソーシャルワーク (social work)

調査・診断・サービス・評価を繰り返し進んでいく社会福祉の方法で、ワーカーはクライエントが問題解決をするのに側面的に援助する。(前橋)

■側転 (side tuen)

開脚姿勢から側方へ、手・手・足・足の順につきながら、倒立を経過して1回転をする。(永井)

■ た ■

■体育 (physical education)

体育には二つのねらいがある：
一つは「身体の教育（Education of

the Physical)」であり、他は「身体を通しての教育（Education through the Physical）」である。これは体育という教育の焦点を身体に合わせるのか、それとも体と心とをひっくるめた人間形成に焦点を据えるのかという相違である。前者は身体の発達や、身体諸器官の機能の有様や向上そのものを理解するものであり、主として解剖学や生理学に基礎づけられたものである。特にこの立場では、健康や体力の維持・増進ということを中心とする。

これに対し後者は、身体活動のもっている教育的機会を手段的に利用して、社会性の育成、より豊かな人間生活に対する教育を意味している。

当然、これらは二律背反的な存在ではなく、体育の概念に含まれるべき必須の要素である。すなわち、体育とは理論と実践を含めた、身体の教育および身体活動を通しての教育ということである。（鈴木）

■体育あそび

(physical education play)

「体育あそび」とは、教育的目標達成のため、身体的な面だけでなく、社会的な面や精神的な面、知的な面、情緒的な面を考慮に入れた体育教育的営みのある「運動あそび」のことである。つまり、大筋肉活動を主体とした運動量を伴うあそびである「運動あそび」を、教育の目標を達するために使用した場合、その運動あそびを「体育あそび」と呼んでいる。体育あそびでは、身体活動を通して身体の発育を促したり、楽しさを味わわせたり、体力や技能を高めることもねらっている。さらに、友だちといっしょに行うので、社会性や精神的な面も育成できる。そし

て、そのプロセスでは努力する過程のあることが特徴である。（前橋）

■体育とスポーツの異なり

(differences between physical education and sports)

体　育
① 身体の教育と身体活動を通しての教育が、学校という組織でなされる《Education of the Physical and Education through the Physical in School System》
② カリキュラムとして、段階的に対象者に規則的（拘束的）に提供される（学校が主催）
③ 授業においてなされる
④ 公的な有資格者によって指導される
⑤ 教育的側面を常に有する
⑥ スポーツ活動の中で行われる様々な種目やレクリエーションとして行われる活動は、体育の中では、それらは教育の目的を達成するための手段
⑦ 法的には教育基本法が基盤となっている
⑧ 対象者は均一的な集団になることが通常の形態
⑨ 対象者は在学中の者に限る
⑩ 展開される場面（施設など）に制限がある

スポーツ
① 身体的レクリエーションが課外（社会）でなされる《Physical Recreation in Extra Curriculum（Society）》
② プログラムとして参加者の選択に委ねられる（主催者は多彩）
③ 余暇（レジャー）においてなされる
④ 指導者を必ずしも必要としない
⑤ 必ずしも教育的側面と結びついているとは限らない

⑥　スポーツあるいはレクリエーションをすることが主たる目的

⑦　法的には社会教育法、教育基本法、スポーツ基本法が加わる

⑧　多岐にわたるグループが組織される

⑨　対象者は広範囲に及ぶ

⑩　展開される場面（施設など）にあまり制限がない。（鈴木）

■体温異常（temperature abnormality）

睡眠不足や運動不足、朝食の欠食・夜食の摂取、朝の排便のなさ、冷暖房に頼りすぎの生活などが原因で、自律神経の調節が適切に行われなくなり、その結果、体温が低すぎたり、高すぎたり、1日の変動が2℃近くであったりする体温の異常な現象。（前橋）

■体温測定

（the temperature measurement）

水銀体温計は、測定時間が10分かかるが、測定値は正確である。電子体温計は、1、2分で測定できるので、簡便であるが、ほとんどが予測式なので、水銀体温計に比べて、多少誤差を生じやすい。なお、腋窩で正確に測定するためには、体温計をはさんで、腋窩をぴったりつけておくように説明すること。また、腋窩に汗をかいていると体温が低く測定されてしまうので、汗を拭き取ってから測定する。

体調不良の可能性があるときは、体温を測定することをすすめる。幼児は、体温調節中枢が未熟なため、運動や環境温度により、体温が変動しやすいので、運動時の環境調整と、こまめに着衣を調節させることが必要である。（前橋）

■体温調節（temperature control）

生後3日間ぐらいは、比較的高温の時期が見られ、漸次下降して、100日を過ぎると、およそ37℃から、それ以下と

なり、約120日ぐらいで、体温は、安定する。そして、2歳〜3歳頃より、体温に生理的な日内変動がみられてくる。そして、3歳頃になると、多くの子どもは体温調節がうまくなって、その後、集団での活動や教育に参加しやすくなる。（前橋）

■体温リズムの変化

（change of the temperature rhythm）

2歳〜3歳頃より、体温はおよそ36度台におさまり、生理的な日内変動がみられ、1日のうちに、0.6〜1.0℃の変動を示すようになる。日常生活では、体温は一般に午前3時頃の夜中に最も低くなり、昼の午後4時頃に最高となる一定のサイクルが築かれる。このような日内変動は、ヒトが長い年月をかけて獲得した生体リズムの1つである。例えば、午後4時前後の放課後の時間帯は、最も動きやすい時間帯（子どものゴールデンタイム）なのである。（前橋）

■太極拳（tai chi）

中国の国家級無形文化遺産であり、儒教と道教の五形、陰陽など、哲学理論を中心思想とし、動作は、緩やかで流れるようにゆったりとした動きで行う特徴があり、中国伝統武術の一派である。健康・長寿に良いとされているため、現在では、格闘技や護身術だけではなく、健康法として習うことも多く、中国では市民が朝の公園や広場などに集まって、練習を行っている光景がよく見られる。（郭）

■太鼓橋（arched bridge）

太鼓の胴のように、まん中が半円形に盛り上がったはしご状の橋。ぶら下がったり、登ったり、くぐったり等して遊ぶ。（永井）

■**体操**（gymnastics）

　丸太ころがりや前まわり、後ろまわり、バランス運動のような回転運動やスタンツの実践を指し、走る、リープ、ホップ、ジャンプ、ギャロップ、スライド、スキップ、バランス、まわる等の簡単な動きの連続、ぶら下がったり、支えたり、登ったり、降りたりする簡単な器械運動を含む。（前橋）

■**体操服**（gym suit）

　運動や体操をするときに身につける服のこと。望ましい幼児用体操服の条件として、運動を妨げない形状の半そでTシャツ型、半ズボン（股下の長すぎない形状）を基本形としていること。冬用としては、長袖ジャージジャケット、長丈ジャージズボンも用いる。フードは事故やケガの原因となるため使用しない。身体のサイズに適合しており、突出している腹部が食い込まないよう、3か月に1度はサイズの調整をする（成長のゆとりは1サイズ以内）。生地の特性として伸縮性、吸湿透湿性に富んでいること。靴下は、靴より目が行き届かない場合が多く、きついサイズ、大きすぎるサイズともに足のために望ましくないため、定期的にサイズの確認が必要。靴下は、運動靴との摩擦から足を保護し、衛生（汗や分泌物の吸収）上の必要性から、必ず履かせる。（吉村）

■**体調確認**

　（physical condition confirmation）

　運動開始時を中心に、一人ひとりのからだの調子や機嫌、元気さ、食欲の有無などを確認することであり、気になるときは、体温を測定するとよい。また、運動中に発現した異常についても、早期に発見することが大切である。子どもは、よほどひどくないかぎり、自分から体調の不調や疲れを訴えてくることはまれにしかないので、指導者は常に気を配り、言葉かけをしながら、表情や動きの様子を観察して判断する。（前橋）

■**タイヤリング**（tire ring）

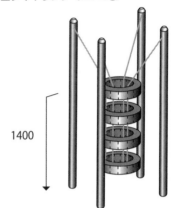

1400

　チェーンで吊り下げた不安定なタイヤを登り、踊り場に乗り移る遊具。

　全身の筋力や瞬発力、平衡性や協応性、巧緻性などの調整力を養い、移動系運動スキル（登る・下りる）を身につけることができる。（前橋）

■**体力**（physical fitness）

　体力とは、人間が存在し、活動していくために必要な身体的能力であり、大きく2つの側面にわけられる。一つは、健康をおびやかす外界の刺激に打ち勝って健康を維持していくための能力で、病気に対する抵抗力、暑さや寒さに対する適応力（温度調節機能）、病原菌に対する免疫などがその内容であり、防衛体力と呼ばれる。もう一つは、作業やスポーツ等の運動をするときに必要とされる能力で、積極的に身体を働かせる能力であり、行動体力と呼ぶ。つまり、体力とは、

種々のストレスに対する抵抗力としての防衛体力と、積極的に活動するための行動体力を総合した能力であるといえる。（前橋）

■台上前転（a front turn in a space）

跳び箱の上で前転をすること。（永井）

■高い高い（親子体操）（lift up）

親子体操の１つである。親は、子どもの脇の下に手を入れて、子どもを持ち上げて遊ぶ。（泉）

【日本幼児体育学会 前橋 明：幼児体育実技編，大学教育出版，p.259，2017.】

■高ばい（crawling with four pairs）

両手と両足を地や床につけ、腰を高くして這うこと。四つん這いともいう。また、その姿勢。（前橋）

■竹馬（walk on stilts）

２本の竹竿に、それぞれ足を置く横木をつけたもの。竿の上部を握り、横木に足を乗せてバランスを取りながら、歩いたりする。（永井）

■立ち幅とび（standing broad jump）

踏み切り線から、両足で同時に踏み切って前方へ跳ぶ跳び方。基礎的な運動能力である跳ぶ能力を測定する方法。（前橋）

■脱臼（dislocation）

関節が異常な方向へねじる強い外力を受け、骨が異常な位置に転移した状態であり、強い痛みを伴う。子どもでは、肘、手首、肩の関節に起こりやすい。関節のまわりの靭帯や、血管や神経を損傷してしまうことがあるので、脱臼した骨を関節に戻そうとしてはいけない。まわりが危険でなければ、できるだけその場で、脱臼した部位を身体に固定して、動かないようにする。（前橋）

■脱臼部位の固定

（fixation of the dislocation part）

固定する位置は、本人が一番痛くない位置で固定する。上肢の関節（肘や肩）の痛みを訴える場合は、本人が一番痛くない角度で、腕を身体の前にもってくる。腕と胸の間に三角巾を置き、腕と胸の間にタオルのような柔らかいものをはさんで、三角巾で腕とタオルをつる。さらに、腕と三角巾のまわりを、幅の広い包帯または三角巾で巻いて、腕を身体に固定したまま、病院に行くこと。（前橋）

■だるまさんまわり

（the daruma circu-mference）

座った姿勢で足の裏を合わせて握り、横へ倒れ、背中を中心（背骨を軸）に反対側へ回転して起きる。（永井）

■タンブリング（tumbling）

マットの上で連続的に行う跳躍・転回運動の総称。（永井）

■ ち ■

■チアダンス（cheer dance）

チアリーディングのダンス部分を中心に独立させた団体スポーツ。ポンポン（pompon）という玉房状の手具を視覚効果として用いたダンスが特徴で、チーム一体での演技展開の同調性などが重視される。チアリーディングで行われるスタンツを取り入れた曲芸的な演技は構成に含まれないため、子どもから高齢者までが幅広く楽しむことができる。種目はおもにポン、チアダンス、ヒップホップ、ジャズといった４つの部門に分かれている。（藤田）

■チアリーディング（cheer leading）

19世紀末のアメリカで、スポーツの応援や地域を盛り上げる活動として始

まった。エール交換や応援歌の指揮など
が主な活動であり、観客を楽しませる演
技として、ダンスや曲芸的な要素が徐々
に取り入れられていった。チアリーディ
ングは、応援から始まった点に特徴があ
り、チアリーダーの躍動感や笑顔、チー
ムの同調性など、見る人を引きつける演
技の魅力が問われる。種目は、主にダン
スとスタンツに大別される。このダンス
とスタンツを構成の中軸とし、基礎的な
演技要素のチア・サイドラインとよばれ
る掛け声、手と腕の動きやその形で表現
するアームモーション、床運動のタンブ
リング等が組み込まれて演技の全体が構
成されている。(藤田)

■地域おこし協力隊
(community-reactivating cooperator
squad)

総務省の取り組みで、地方自治体の委
託を受け、地域外の人材を積極的に誘致
し、一定期間(おおむね1年以上3年以
下)で、「地域協力活動」を行いながら、
地域に居住する。主に、地域ブランドや
地場産品の開発やPRなどを行って、地
域の活性化を図るグループや団体であ
る。また、観光や地域の行事・伝統も紹
介し、地域を支援する活動を担ってい
る。(阿部)

■地域子育て支援センター
(local child care support center)

エンゼルプランの一つ、緊急保育対策
等5か年事業の一環として、地域住民を
対象に、育児に対する不安についての相
談・助言を行ったり、地域の子育てに関
わる各種サークルへの支援などを行う相
談支援機関である。(前橋)

■地域社会のレクリエーション
(community recreation)

公共的、半公共的な要素が複合的な組
み合わせとなって、社会政治的な考慮
もされながら提供されるレクリエーショ
ン。(鈴木)

■知覚運動スキル
(perceptual motor skills)

知覚した情報を受けとめ、理解・解釈
し、それに適した反応を示す技術で、身
体認識、空間認知、平衡性、手と目・足
と目の協応性の能力を促進させる。(前
橋)

■地区公園 (District Park)

主として徒歩圏内に居住する者の利用
に供することを目的とする公園で誘致距
離1kmの範囲内で1箇所当たり面積4ha
を標準として配置される公園。都市計画
区域外の一定の町村における特定地区公
園(カントリーパーク)は、面積4ha
以上を標準とされている。(宮本)
【国土交通省:都市公園法施行令第2条】

■知的障がい児
(mentally-handicapped child)

おおむね知能指数75以下で、脳に何
らかの障害を有しているために知的機能
が未発達で、精神的な面や学習能力、社
会生活への適応などが困難な状態であ
り、何らかの特別の支援を必要とする状
況にある児童。知的指数25ないし20以
下を「重度」、知能指数25～50を「中
度」、知能指数50～70を「軽度」を分
類している。(前橋)

■知的障がい児施設
(institution for mentally retarded
chirldren)

18歳未満の知的障がい児のうち、障
害の程度により、または、家庭において

保護指導することが適切でない場合、親から離れて、子どもが生活する施設である。（前橋）

■知的レクリエーション

(cognitive or intellectual recreation)

読書、研究、探検など、頭脳、知識、認知領域（cognitive domain）に関係する活動。（鈴木）

■聴診（auscultation）

聴診は、遊具の安全点検方法の一つで、異常音やがたつき音などの発生箇所を確認すること。ブランコの駆動部（ベアリング）の破損・摩耗を調査する。（前橋）

■注意欠陥多動性障害（ADHD）

(attention deficit hyperactivity disorder)

衝動性・抑制機能の欠如を基本に考え、付随して多動性や注意欠陥があるとされている。集中力に欠け、衝動的で、落ち着きがない等の症状がみられる。俗に、多動症、ハイパーアクティブとも呼ばれている。（前橋）

■調整力（coordination）

調整力とは、運動をバランスよく（平衡性）、すばやく（敏捷性）、巧み（巧緻性）に行う能力である。つまり、運動を正確に行う力であり、いろいろ異なった動きを総合して目的とする動きを、正確に、かつ円滑に、効率よく遂行する能力をいう。協応性とも、しばしば呼ばれることがあり、平衡性や敏捷性、巧緻性などの体力要素と相関性が高い。（前橋）

■ つ ■

■築山（a rockery, an artificial hill）

人工的に作られた山。幼稚園や保育所などでは、からだを使ったあそびを誘う環境の一つとして園庭内に作られている。（廣中）

■つき指（jamming a finger）

強い外力や急激な運動によって、組織が過伸展し、骨や関節周囲の靭帯や、筋肉や腱などが損傷を起こした状態をいう。つき指は、手指の腱と骨の断裂である。つき指は、引っ張ってはいけない。動かさないようにして、流水、または氷水で冷やしたタオルを3～4分おきに絞りなおして指を冷やす。痛みがひいてきて、腫れがひどくならないようなら、指に市販の冷湿布をはり、他の指といっしょに包帯で巻いて固定する。その日は、指を安静に保つ。腫れが強くなったり、強い痛みが続くときは、病院を受診すること。指は軽く曲げたままで、指のカーブにそって、ガーゼやハンカチをたたんだものを当てる。

損傷した部位の関節を中心に包帯を巻いて固定し、挙上して様子をみる。腫れがひどくなる場合や、痛みが強く、持続する場合には、骨折の可能性もあるので、整形外科を受診するよう、すすめる。

つき指の受傷直後は、"RICE"にそって処置するとよい。RICEとは、次の内容をさす。R（Rest）：安静にする、I（Ice）：水や氷嚢で冷やす、C（Compress）：圧迫固定する、E（Elevate）：損傷部位を挙上する。（前橋）

■綱引き（a tug of war）

まっすぐに伸ばされた長い綱の中心を境に、両端に引き合う運動種目である。その年の米の作柄を占う神事の一つとして発生した農民の伝統行事の応用として発展した運動会種目でもある。（前橋）

■吊り輪渡り（rings pass）

　三角形の持ち手が左右に揺れる運梯。通常の雲梯より、高いレベルの調整力と握力が必要。握力や腹筋力、背筋力などの筋力を高める。また、伝い移動することにより、身体調整力やリズム感を養い、移動系運動スキル（伝い移動）を身につける。ただ持ち手に、その場でつかまって、ぶら下がる運動をするのであれば、筋持久力を高め、非移動系運動スキル（ぶら下がる）を育成する。（前橋）

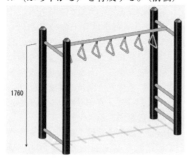

1760

■ て ■

■定期点検（Periodic inspection）

　公園管理者が、必要に応じて専門技術者と協力して、一定期間ごとに行う日常点検より詳細な点検。日常点検の点検内容に加えて、用具を使用して行う点検、通常外観から確認できない部位・部材の点検、部材の疲労などの異常に関する点検が加わる。（宮本）
【国土交通省：都市公園における遊具の安全確保に関する指針，2014.】

■Tスコア（t-score）

　測定項目の単位が異なる記録を相互に比較するために、各項目の平均を50点とし、標準偏差を10点の拡がりに換算したものである。計算式は、「Tスコア＝（（記録）−（平均値））÷（標準偏差）×10 + 50」であるが、25m走のように、測定値が小さいほど良い記録となる項目では、平均値と記録を入れ替えて「（平均値）−（記録）」で計算する。学校の平均値と個人記録の比較、あるいは全国平均値と学校の平均値の比較などに使われる。Tスコアをレーダーチャート（測定項目に対応する放射状の軸にTスコアをプロットし、折れ線でつないだグラフ）に表すと、測定項目間のバランス・水準をわかりやすく表現できる。レーダーチャートの多角形の面積は、大きいほど良く、正多角形に近いほど、測定項目間のバランスが良いことを表す。（前橋）
【文部省：新体力テスト−有意義な活用のために，ぎょうせい，2000.】

■ティーボール（teeball）

　「ティーボール」とは、野球やソフトボールと同じように行うベースボール型のゲームで、異なるところは、ピッチャーがいないことである。打者は、ティーの上に置かれた静止したボールをバットで打ってゲームを始める。だれでも「打つ」喜びを味わえ、子どもから高齢者まで、障害をもった方にも楽しめるスポーツである。（前橋）

■ティーボールあそび（teeball play）

　「ティーボールあそび」とは、ティーボールのまねっこあそび、導入あそびとして、創作された運動あそびである。幼児や親子でも、簡単で安全に楽しく取り組めるように、伝承あそびやリレーゲームや的あてあそび等をアレンジして創られている。ボールを乗せるティー（ティーボール用のティー、もしくは、

カラーコーンの先端を切ったもの）を使用し、その上に安全で柔らかいボールを乗せて、バットやテニスのラケット、素手でボールを打って遊ぶ。守っている子どもたちは、柔らかいボールを素手で捕球する。また、室内で行う場合には、新聞紙を丸めたボールやビーチボールを使用して遊ぶことができる。（前橋）

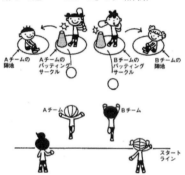

ヒット・キャッチ

【前橋　明：幼少児のためのティーボールあそび，大学教育出版，pp.68-69, 2006.】

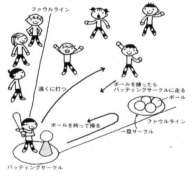

ボールコレクター

【前橋　明：幼少児のためのティーボールあそび，大学教育出版，pp.88-90, 2006.】

■**低体温**（hypothermia）

　腋下で36℃を下まわる体温を低体温、37℃を超えると高体温と呼ぶ。（前橋）

■**デイケア**（day care）

　日中、1日を通して、乳幼児を預かる事業をさす。（前橋）

■**手押し車**（親子体操）（wheel barrow）

　体操の1つである。1人は腕立て伏せの状態で、もう一人に両足をもってもらって、そのまま手や腕力で進んでいく。（泉）

【日本幼児体育学会　前橋　明：幼児体育実技編，大学教育出版，p.261，2017.】

■**鉄棒**（horizontal bar）

　器械運動、体操器具の一種目。器械運動・器械、器具を使ったあそびに使う用具で、2本の柱の間に鉄の棒を水平に掛け渡したもの。公園や保育園・幼稚園・学校の園庭や運動場で見かける固定遊具。この他、持ち運びができる折り畳み式もある。（永井）

■**伝承あそび**（traditional play）

　メンコをはじめ、お手玉やまりつき、あやとり、おはじき、ゴム跳び、はないちもんめ等、子どもたちが作り出し、子どもたちによって伝え続けられてきたあそびを伝承あそびという。かつての子ども集団は、異なる年齢の子どもたちが混じり合って構成され、年長の子が年下の子に遊び方を教え、教えられた子がまた年少の子に教えていくように、自然にあそびの伝承が行われてきた。（前橋）

■**点検記録書**（inspection record）

　安全点検の対象となった遊具の全体について、安全点検を行った状況、点検の結果についての記録を、安全点検を実施した際に作成し、保管するもの。（宮本）

【国土交通省：都市公園における遊具の

安全確保に関する指針，2014.】

■ と ■

■統合保育
(all-abilities integrated education)

幼稚園や保育所において、障がい児を健常児の集団で保育することをいう。障がい児だけを集めて指導することを分離保育という。(前橋)

■頭部打撲の処置
(measures of the head blow)

頭を打ったあとで、顔色が悪い、嘔吐がある、体動が少なく、ボーッとして名前を呼んでも反応がない、明らかな意識障害やけいれんをきたす場合は、すぐに脳神経外科を受診させる。打った直後に症状がなくても、2～3日後に頭痛や吐き気、嘔吐、けいれん等の症状が現われる場合があるので、しばらくの間は静かに休ませること。また、保護者には、2～3日は注意深く観察する必要があることを説明しておく。(前橋)

■倒立 (hand stand)

立位姿勢から、両手を地面につき、手で身体を支えながら、逆さまに立つこと。つまり、逆立ちをすることをいう。(前橋)

■都市公園 (city park)

都市計画法に規定する都市計画施設としての公園、または緑地で地方公共団体が設置するもの。国、都道府県、市区町村、それぞれが設置し、維持管理が行われている。(宮本)
【都市公園法第2条】

■都市公園台帳 (city park ledger)

都市公園の管理を適切に行い、かつ、広く公衆に都市公園の現状を知らしめることを目的とし、公園管理者は、都市公園台帳の作成および保管を行うとともに、これを閲覧に供することとされている。都市公園台帳には、都市公園の区域を立体的区域とする場合は、平面図、縦断図及び横断面図を図面として作成し、保管するものとされている。(宮本)
【都市公園法第17条、都市公園法施行規則第10条第3項】

■都市緑地 (urban greenery)

主として都市の自然的環境の保全ならびに改善、都市の景観の向上を図るために設けられている緑地であり、1箇所あたり面積0.1ha以上を標準として配置される公園。ただし、既成市街地において良好な樹林地がある場合、あるいは植樹により都市に緑を増加、または回復させ都市環境の改善を図るために緑地を設ける場合にあってはその規模は0.05ha以上とされている。(宮本)
【国土交通省：都市公園法】

■ドッジボール (dodge ball)

投げられたボールをよけたり、かわしたりして遊ぶ運動あそびを、ドッジボールと呼ぶ。角ドッジでは、長方形のコートを中央で2分割したコートを用い、2チームに分かれた子どもたちが、それぞれのチームの内野と外野に配置し、ゲームを始める。保持したボールを、相手チームの子どもを狙って当てるようにする。当てられた子は、自チームの外野に出て、終了時の内野の人数が多いチームの勝ちとなる。(前橋)

■跳び越しくぐり
(jump over and pass)

目標物や障害物を両足踏み切りで跳び越したら、すぐにその下をくぐって、もとの位置にもどる運動。身体を、すばやくバランスよく、巧みに動かす能

力、すなわち、調整力を育むことのできる運動。跳び越しくぐりの測定方法は、膝の高さに張ったゴムひもを両足同時踏み切りでとび越したら、すぐにひもの下をくぐって、もとの位置にもどる。ひもをとび越してはくぐる動きを5回繰り返し、5回目に全身がゴムひもを通過するまで、何秒かかるかを測定する。（前橋）

■跳び箱（vaulting horse）

器械運動、体操器具の一種目。長方形の木枠を重ねた上部に、布を張った台を置いたもの。通常は走って来て、踏み切り板を使い、手で身体を支えジャンプし、跳び越える箱型の移動遊具。木製で長方形の枠を積み重ね、最上段に布で覆った台をのせたもの。重ねた段数で高さを調節する。（永井）

■徒歩通園
（going to kindergarten on foot）

幼児の通園方法の一つ。朝の徒歩による運動刺激により脳の目覚め、体温の上昇を促進し、日中の運動量の増加や集中力や意欲の向上を助長する。また、保護者同伴による親子通園、保育者の引率による集団通園の方法の一つとして、利用されている。（廣中）

■トラウマ（trauma）

トラウマとは、様々なショッキングな出来事に出会う・経験することによってできた心の傷であり、その傷が時がたっても癒されることなく、現在もなお生々しく存在しているもの。（前橋）

■ドラム遊具（drum）

太鼓の形をした遊具。音階の異なる太鼓を複数取りつけて、ゲーム性をもたせることができる。太鼓をたたいて音を楽しむことにより、音による刺激を得る感

覚訓練につながっていく。また、複数の太鼓をたたいて異なる音階を楽しむために、からだを動かし、リズム感や協応性を育む経験にもなっていく。（前橋）

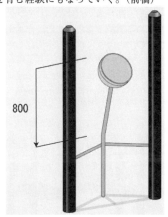

■トランポリン（a trampoline）

金属のフレームにナイロンテープやロープで編まれたマット（正式にはベット）をスプリングやゴムケーブルで張った跳躍器具。（永井）

■ な ■

■ナヴィゲーションスポーツ
（navigation sport）

地図とコンパスを使用して、山野に設定されたチェックポイント（オリエンテーリングでは、コントロール）を探して回る野外スポーツの総称。オリエンテーリング、ロゲイニング、マウンテンマラソン、アドベンチャーレースが、その代表例として知られる。何れの種目も共通して、自然の中でナヴィゲーション技術と体力を競い合う。（中井）
【村越　真・宮内佐季子：山岳読図ナヴィゲーション大全，山と渓谷社，pp.222-

225，2017.】

■波形通路
(wave pattern passage)

ゴムコーティングした波形の通路遊具。波形通路を歩くだけで、バランス能力を高める刺激となる。また、高さが変化するので、上下、前後の空間認知能力が育っていく。体力の要素としては、平衡性や筋力、巧緻性が養われていく。動きとしては、平衡系と移動系の運動スキルが身につく。（前橋）

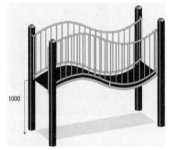

■波形パイプ登り
(wave pattern pipe up)

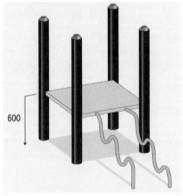

２本の波形パイプの上を、手と足を使って登る遊具で、２本の波形は、ずれ

ている特徴がある。

パイプの上を、手と足を使って登り降りをすることによって、手足の協応性や平衡性、筋力を育み、動的な平衡系運動スキル（渡る）を身につけていく。動きに慣れてくると、リズム感やスピード感もついてくる。（前橋）

■縄跳び (jump rope)

両手に持った縄を回転させながら、縄を跳び越える運動。ジャンプに合わせて縄を回すか、縄の回しに合わせてジャンプするかによるが、リズム感覚が養われる。縄を使ったあそびで人気があるものでは、「郵便屋さん」や「大縄跳び」等、回転している縄を跳び越える運動がある。縄跳びは全身運動であり、あそびだけでなく、体力やリズム感の向上の材料として、保育や教育の現場においても幅広く活用されている。前方に向かって縄を回す「前跳び」、後方に向かって縄を回す「後ろ跳び」、１回跳んで、１回縄を交差する「あやとび」や、交差した状態で跳ぶ「交差跳び」、１回のジャンプで２回縄を回転させる「２重跳び」等がある。（前橋）

■縄はしご渡り (rope ladder passes)

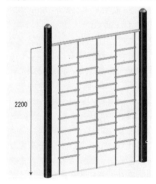

ロープで吊り下げた梯子が連続している遊具で、揺れながら上下左右に移動できる。全身の筋力と調整力を発揮しながら、バランスをとって移動する。中でも、両腕・両足の筋力や巧緻性（器用さ）を養うことができる。また、左右や上下に移動することにより、移動系運動スキル（登る・伝う）を養いながら、空間認知能力を高める。（前橋）

■ に ■

■ 25m走（25-meter dash）

25mの距離を走る能力を、タイムでみる。スタートの合図から、ゴールライン上に胴（頭、肩、手、足ではない）が到達するまでに要した時間で競走したり、誰が一番早く到着するかを競う運動。幼児の場合には、まだ非力であるため、走行距離を25mとしている。測定方法は、25mの直線コースを使って、スタンディングでスタートさせ、ゴールするまで何秒かかるかを測定する。（前橋）

■日常点検（daily check）

公園管理者が、主として目視、触診、聴診などにより、施設の変形や異常の有無を調べるために、日常業務の中で行う点検。（宮本）
【国土交通省：都市公園における遊具の安全確保に関する指針. 2014.】

■日内変動
（diurnal variation, daily variation）

日周リズムを表す生体機能が、1日のうちに示す変動。（前橋）

■日周リズム（diurnal rhythm）

1日の周期をもったリズムのこと。外環境に対する受け身の反応も含む。（前橋）

■日本の幼児の運動課題
（exercise contents to be required to a Japanese young children）

日本の幼児の運動面で弱くなっている運動課題は、逆さ感覚や回転感覚を育てる倒立や回転運動、反射能力やバランスを保ちながら危険を回避する鬼あそびやボール運動、空間認知能力を育てる「這う」・「くぐる」・「回る」・「登る」等の運動の機会を積極的に設けていくことである。あわせて、便利化社会の中で、弱まっている自律神経を鍛え、五感を育み、身体機能を促進する戸外での運動を、大切にすることである。（前橋）

■日本レクリエーション協会
（National Recreation Association of Japan: NRAJ）

1946（S21）年、第2回国民体育大会（於：石川県）のとき（10月27日～29日）に、第1回全国レクリエーション大会が開催され、日本レクリエーション協議会が発足、翌22年3月に現存の日本レクリエーション協会（NRAJ）が財団法人として設立されている。〔現在は公益財団法人〕（鈴木）

■日本レジャー・レクリエーション学会
（Japan Society of Leisure and Recreation）

1971年3月に設立された学術研究団体で、レジャー・レクリエーションに関する研究や調査を促進して、レジャー・レクリエーションの発展に寄与するという目的を掲げている。そのために、学会大会をはじめ、研究会、講演会の開催、学会誌の発行、情報交換活動などの事業が展開されている。学会大会は、毎年、1回以上開催され、研究成果の発表や、講演、シンポジウム等が催され、学会員

をはじめ参加者は、研鑽を深めている。（前橋）

■**乳児**（an infant, a baby）

生後から1歳未満の子ども。もしくは、保健上により必要な場合は、おおむね2歳未満の幼児も含まれる。（前橋）

■**乳児院**（a nursery）

母親の疾病や入院、離婚、家出、死亡などにより、養育が不可能、または、両親がいても養育能力がない、虐待や養育拒否、遺棄などの問題下にある1歳未満の乳児（もしくは、保健上、必要な場合は、おおむね2歳未満の幼児）を預かり、親に代わって養育する。（前橋）

■**乳児の運動機能発達**

（the development of the motor fanction of baby）

乳児期に起こる、四肢の動き、頭部の支え、座位の確保、這う、直立、歩行という運動機能面の発達のこと。乳児の身体運動は、四肢の動きに始まり、少したって、頸の動き、頸の筋肉の力が発達して頭部を支え、7〜8か月頃になると、座ることができ、平衡感覚が備わってくる。続いて、手・脚の協調性が生まれるとともに、手や脚、腰の筋力の発達によって、身体を支えることができるようになり、這いだす。這う機能が発達してくると、平衡感覚もいっそう発達して、直立、歩行を開始する。これらの発達は、個人差があるものの、生後1年2〜3か月のうちに、この経過をたどる。（前橋）

■**2連すべり台**（two slides）

2人が仲良く、あるいは競争して滑る2連滑り台のこと。すべり台を滑り降りることで、平衡性や巧緻性をはじめとする身体調整力を高め、スピード感や空間認知能力を養う。また、2人が並んで

いっしょに滑り降りることで楽しさが増したり、競争ができたりして交流体験がもてる。（前橋）

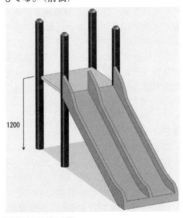

■**認定こども園**

（authorized child garden）

幼稚園の教育的側面と保育所の養護的側面を両方あわせもつ施設。（廣中）

■ **ぬ** ■

■**抜き足**（stealthy footsteps）

足音をたてないように、つま先をそっと抜くようにして歩くこと。抜き足、差し足、忍び足：足音がしないように、そっと歩くこと。また、その様子。（前橋）

■ **ね** ■

■**熱中症**（heat illness）

熱中症には、熱けいれん、熱失神、熱疲労、熱射病の4型があり、これら暑い環境で起こる病気を総称して熱中症と呼ぶ。熱けいれんは、多量に発汗したときに水分のみを補給して食塩を補給しないと痛みを伴ったけいれんが起こる。熱失神では、長時間の立位や運動直後に脳血

流が減少して、めまいや失神を起こす。熱疲労は、脱水によって、脱力感、倦怠感、めまい、頭痛、吐き気などの症状が強く起こるもので、熱射病の前段階である。熱射病は、40℃以上の高体温と意識障害（応答が鈍い、言動がおかしい、意識がないなど）が特徴であり、死亡する危険性が高い。赤褐色のミオグロビン尿が出ることがある。熱中症の処置は、涼しい場所で休ませ、水分を補給させる。（前橋）

■熱中症予防
(the heat stroke prevention)

夏季の運動時は、熱中症を予防するための配慮が必要で、水分を持参させるとともに、運動時は吸湿性と通気性の良い材質の衣服を着用させ、運動後の着替えを準備してもらう。屋外では、必ず帽子を着用させ、運動中は、こまめに休憩をとり、その都度、水分を補給させるとよい。（前橋）

■捻挫 (a sprain)

強い外力や急激な運動によって、組織が過伸展し、骨や関節周囲の靭帯や筋肉、腱などが損傷を起こした状態をいう。足首の捻挫は、足首の骨をつないでいる靭帯の一部の断裂である。受傷直後は、①安静にする、②氷や氷嚢で冷やす。③圧迫固定する。④損傷部位を挙上する。足関節の痛みの場合は、座らせて、足先を挙げ、支えて固定して受診する。損傷部への血流を減らす。氷水やアイスパックで冷やすことにより、内出血を抑え、腫脹や疼痛を軽減させることができる。損傷した部位の関節を中心に包帯を巻いて固定し、挙上して様子をみる。腫れがひどくなる場合や、痛みが強く、持続する場合には、骨折の可能性も

あるので、整形外科を受診するようにすすめる。（前橋）

■ の ■

■能動汗腺
(an active voice sweat gland)

能動汗腺は、皮膚の表面にある汗腺の中で、実際に汗をかいて機能しているもので、実際には、表面にある汗腺の約半数ほどである。能動汗腺の数は、生まれてから2～3歳までにどれだけ汗をかいたかによって決定され、その後の増加は見込めない。冷暖房完備の室内にこもり、からだを動かさない子どもは、汗をかく機会が少ないために、汗腺が十分開かずに育ってしまう。その結果、将来的に体温のコントロール能力が高くならない。能動汗腺の数が決定する2～3歳頃までに、からだを動かして汗をかくあそびの楽しさを教えてもらいたい。（前橋）

■脳内ホルモン (hormone in the brain)

脳内に分泌されるホルモンのこと。一例として、夜中には、眠るための松果体ホルモン（メラトニン）が出され、朝には活動に備え、元気や意欲を引き出すホルモン（コルチゾールやβ－エンドルフィン等）が脳内に分泌されなければ、眠ることや元気に活動することはできない。これらのホルモンの分泌時間のリズムや量が乱れると、脳の温度の調節もできず、時差ぼけと同じような症状を訴え、何をするにしても全く意欲がわかなくなる。健康な状態では、睡眠を促すメラトニンの分泌が、午前0時頃にピークとなり、脳内温度（深部体温）が低下する。したがって、神経細胞の休養が得られ、良好な睡眠がとれる。（前橋）

■のぼり棒（uphill stick）

固定遊具の一つで、金属製の丸い筒を立てて固定したもの。手足を使って登り降りして遊ぶ。（永井）

■ は ■

■ハザード（hazard）

ハザードは、遊具の挑戦的要素とは関係のないところで発生する危険のことである。ハザードには、物的ハザードと人的ハザードの２種類がある。物的ハザードとは、遊具にできた不用意な隙間に、からだの部位が挟まってしまうといった、遊具の設計に問題がある危険である。人的ハザードとは、遊具使用時に、ふざけて押し合ったり、絡みやすい紐のついた手袋や靴を履いたりする等して、遊具の使用の方法に問題がある場合である。これらの危険は、子どもたちのあそびの中では、予測のできない危険であり、遊具の設計者や管理者、保護者などの大人が注意して未然に防ぐ必要がある。（前橋）

■はしご渡り（ladder passes）

2000

ロープで吊り下げた２組にした梯子面の遊具で、揺れながら、上下左右に移動する。揺れるはしごを登ったり、伝ったりして移動することにより、平衡系や移動系の運動スキルを身につけるとともに、身体認識力や筋力、平衡性、巧緻性をはじめとする体力も高める。また、上下、左右への動きをスムーズに行うための空間認知能力も、この遊具を使ったあそび体験で大きく育っていく。（前橋）

■発育（growth）

「発育」とは、身長や体重といった身体の形態的変化（増大）をいう。（前橋）

■発達（development）

「発達」とは、筋力や瞬発力が高まったというような心身の機能的変化（拡大）をいう。発達には、一定の法則がある。例えば、人間の身体の機能は、栄養を与えれば、ある程度の発育や発達はするが、使わなければ萎縮（機能低下）していく。また、使い過ぎれば、かえって機能障害を起こす恐れがある。したがって、正しく使えば発達する。（前橋）

■発達的レクリエーション

（developmental recreation）

活動を続けることにより、次第に知識・技術が向上発達していくレクリエーションの段階である。例えば、麻雀、将棋、盆栽、いろいろなスポーツ活動などが、それに該当する。（鈴木）

■はねおき（jumping and getting up）

腰の屈伸動作によるはねを利用して、前方に回転して立つ技。手の支持と頭や首の支持が加わる場合がある。（永井）

■パネルジャングル（panel jungle）

肋木とクライミングウォールを組み合わせて、踊り場間を渡る遊具。肋木や壁を伝って移動していくと、空間の認知能力や身体調整力、全身の筋力や持久力が鍛えられる。（前橋）

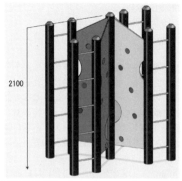

■パネル渡り（panel passes）

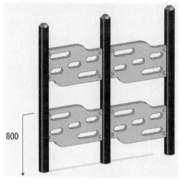

開口部に手や足を掛け、左右に移動できる遊具。上下パネルの空間で、反対側にからだを移動させることもできる。手や足を開口部にかけて左右に移動することにより、全身の筋力や持久力、リズム感を養うとともに、手足の協応性や巧緻性、空間認知能力を高める。動作としては、移動系運動スキル（伝い渡る）を身につけることができる。（前橋）

■腹這い（crawling）
腹を地につけて這うこと。（前橋）

■バランス運動（balance conpaign）
床や平均台などで、触れている（接点）所に対して、重心を重ねる運動。立った姿勢で片足を上げたり、バランスボールに座ったりする。（永井）

■バルーン（balloon）
バルーンは、風船や気球のことであるが、保育／教育に中で使われているバルーンは、直径約2mから、大きい物では約10mのものまでのパラシュートを指す。ナイロン製の物が多く、軽くて、動かしやすいため、運動の教材として、集団あそびや運動会の集団演技に頻繁に利用されている。四方八方の端をみんなで持ち、上下に移動させたり、いっしょに走って移動したりと、空気を利用してバルーンを大きく広げたり、小さくしたり、いろいろな工夫をして遊ぶパラシュートである。（前橋）

■ハンガーレール（hanger rail）

持ち手にぶら下がり、勢いを付けてスライドさせる遊具で、持ち手にぶら下がって、からだを維持することで、筋力や持久力を養い、非移動系運動スキル（ぶら下がるスキル）を身につけていく。また、ぶら下がったまま、スライドさせて移動することにより、スピード感を味わいながら、空間認知能力を高めていく

遊具である。（前橋）

■半公共的レクリエーション
(Semi-Public Recreation)

地域の体育協会や、レクリエーション協会、青少年育成団体、婦人団体などのように、一部会費、一部税金などの補助によって行う種類のもの。（鈴木）

■ ひ ■

■非移動系運動スキル
(non-locomotor skill)

その場での運動スキルとも呼び、その場で、ぶらさがったり、押したり、引いたりする技術である。（前橋）

■ヒコーキとび（an airplane flies）

腕支持の姿勢から両足の裏で鉄棒に乗り、尻を遠くへ放り出し、振り子の原理を利用して、足先から前方へ飛び出す。（永井）

■膝のせ飛行機（親子体操）
(kneeling airplane)

親子体操の1つである。親は仰向けに寝て、膝に子どもをうつ伏せに載せて、上下・左右に動かして揺らして遊ぶ。（泉）

【日本幼児体育学会 前橋 明：幼児体育実技編，大学教育出版，p.264，2017.】

■鼻出血（nose bleed）

鼻の穴からの出血。鼻根部にあるキーゼルバッハ部位（鼻の奥にある網の目のように細い血管が集まっている部位）は、毛細血管が多いため、一度出血した部分は血管が弱くなり、再出血しやすい。ぶつけたときだけでなく、興奮した場合や運動したときに、突然、出血することがある。（前橋）

■鼻出血処置法
(measures of the bleed)

座らせて少し前かがみにし、鼻にガーゼを当て、口で息をするように説明して、鼻の硬い部分のすぐ下の鼻翼部を強く押さえる。血液が口の中に流れ込んできたら、飲み込まずに吐き出させる。血液を飲み込むと、胃にたまって吐き気を誘発するので注意する。10分くらい押さえ続けてから、止血を確認する。止血していなかったら、再度、圧迫する。脱脂綿のタンポンを詰める場合には、あまり奥まで入れないように気をつける。ときに、取り出せなくなることがあるので、ガーゼや鼻出血用のタンポンを使うとよい。（前橋）

■ヒップホップ（hip hop）

1970年代、米国の黒人（アフリカ系）やヒスパニック（ラテンアメリカ系）の若者たちから生まれたとされる音楽やダンス等の文化を指す。音楽は、リズミカルに韻を踏んで歌う。（藤田）

■ひねり（a twist）

長体軸での横回転を、ひねりという。体操では、360度の回転を「1回ひねり」、180度を「半ひねり」と表現している。（前橋）

■肥満（obesity）

肥満とは、身体を構成する成分の中で脂肪組織が過剰に蓄積した状態をいう。ただ単に体重が増加しているのではなく、からだの脂肪が異常に増加した状態である。肥満の原因の中心は、生まれつき（遺伝）の体質であるが、これに運動不足と過栄養が主で起こる。（前橋）

■肥満とやせ（obesity and thinner）

身長別標準体重に対して、120％以上の体重がある子どもを「肥満傾向児」、

80％以下の体重の子どもを「痩身傾向児」としている。「肥満」は、高脂血症や糖尿病などの生活習慣病の危険性を高くする。肥満の原因の第一にあげられるのが、運動不足である。生活の中に運動を取り入れ、思いっきりからだを動かして、体力をつけながら太らないように気をつけてもらいたい。また、肥満児には、早食いであまり噛まない傾向がある。食事の量や内容、食べ方を改善する必要がある。「やせ」は、肥満に比べ、健康でプラスの価値観があると考えられがちだが、実は、将来、「骨粗しょう症」「生理不順」「老化促進」になるリスクが高い。健康な一生を送るためのからだづくりは、幼児期から運動しながら、バランスよく栄養をとることが大切である。（前橋）

■**病児保育**（illness child care）

病気に罹患している子どもの保育。保育所に入所している乳幼児が病気の回復期にあり、保護者による家庭での育児が困難な場合、乳児院や病院に併設されたデイサービス施設で預かり、保育するもの。（前橋）

■**広場舞（広場ダンス）**

（guang chang wu）

1990年代から中国で流行している、広場でのダンスである。人々が広場や路上などの、屋外公共空間を利用して、音楽をつけて踊る活動を指す。音楽を容易に持ち運びできる現代ならではの健康促進運動であり、娯楽である。思い思いの音楽を高らかに、多勢で舞う様子は華やかである。夜は一転、広場舞に興じる人々で埋め尽くされる。その騒音の大きさから迷惑行為であるとの指摘もある。また、広場舞に参加することは、一部の踊り手にとっては社会参加の契機にもなっている。（郭）

■**敏捷性**（agility）

からだをすばやく動かして、方向を転換したり、刺激に対して反応したりする能力をいい、神経・感覚機能および筋機能の優劣がこの能力を大きく決定づけている。（前橋）

■ **ふ** ■

■**ファイヤーポール**（fire pole）

踊り場から滑り降りるポールの遊具。ポールを伝って、登ったり降りたりして、移動系運動スキルを高めるとともに、体力面では、筋力やスピード感、巧緻性を養う。一瞬にして位置（高さ）が変わる楽しさが経験できる中で、空間認知能力を育てていく。（前橋）

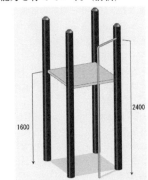

■**ファミリーサポートセンター事業**

（family support center business）

1994年に、労働省（現、厚生労働省）が、就労と育児の両立を目的として、はじめた事業。（前橋）

■**フィールド・アスレチック**

（field athletic）

川や池、山や森林といった自然の地形

や木立などを利用し、登り板、丸太渡り、はしご登り、ぶら下がりロープ等の障害物や道具類を配置し、それぞれの場所での課題をやり遂げ、次々に通過して、身体的なトレーニングと自然と人間との調和を目的に考え出されたスポーツ的な活動や活動場（コース）をさす。フィールド・アスレチックの遊具は、自然の素材を自然に近い形態で残しながら、活動の目的に添うように設計されている。鋼鉄製の遊具に比べ、自然素材は暖かさや柔らかさがあるとともに、特徴としては、①自然環境・地形・材料などを使って、器具や遊具がつくられている。②都会では少なくなった自然に近い環境を人工的に作り出すことにより、自然をイメージした全身運動を行うことができる。③木材や石、水などを使った遊具で遊ぶことにより、自然の感覚や感性を育てることができる。（前橋）

■風船あそび（play of balloon）

ゴムや紙で作った薄い袋状のものに、空気を入れてふくらませたものを使ってのあそび。風船には、球体や棒状のものもある。（永井）

■フープ（hoop）

まわしたり、くぐったり、または島に見立てたりし、跳んだり、渡ったりして運動するプラスチック製の輪。フラフープの類。（永井）

■フープくぐり
（pass through the hoop）

プラスチック製の輪（フープ）の中を、くぐり抜ける運動のこと。立てた輪をくぐったり、転がした輪の中をくぐったりする。（永井）

■フォトロゲイニング®
（photo rogaining）

写真撮影形式のロゲイニングのこと。競技エリア（コース）内にある観光名所や寺社仏閣などのランドマークがチェックポイントとして用いられること、地図を基に走歩でそれらを探して写真撮影し、得点を獲得していくことがその特徴である。2～5名で構成されるチームで競い合い、制限時間内に獲得した得点が高いチームが上位となる。日本におけるロゲイニングは、この形式で行われる場合が多い。市街地や里山で楽しみながらできるナヴィゲーションスポーツとして、2005年にレクリエーションロゲインという名称で始まり、2009年に現在の名称に改められた。（中井）

【日本フォトロゲイニング協会：フォトロゲイニング®ルールブック，日本フォトロゲイニング協会，2012.】

■複合遊具（compound amusement）

すべり台・はしご・つり橋など、複数の種類の遊具を組み合わせた大型の固定遊具。（永井）

■福祉レクリエーション
（welfare recreation）

本人らしい楽しさの追求を支えることを言い、自らの心の健康を保ったり、生きがいや張りあいのある生活を送ることができるように、人々を支えるレクリエーションであり、活動である。（前橋）

■ブタの丸焼（barbecue of the pig）

鉄棒やうんてい等に手足を使ってつかまり、水平にぶら下がること。（永井）

■フラフープ（hula-hoop）

輪の中に入って、腰で回したり、そのまま置いて、輪の中を跳んだり、移動したりして遊ぶプラスチック製の輪。フラ

ダンスのように、腰を振って回転させるところからついた商標名。（永井）

■ブランコ（swing）

ぶらんこは、吊り下げた2本のつなに横板を渡し、その横板に乗って、からだを使って前後に振り動かして遊ぶ運動具である。座っても立っても遊べる。揺動系遊具のブランコは、時代を超えて多くの子どもたちに親しまれてきた遊具である。楽しさばかりではなく、最近の子どもたちの弱くなっているバランス感覚の育成や、様々な動作の習得に有用な運動機能を高める。（前橋）

■プレイセラピー（遊戯療法）
（play thrapy）

あそびの中で、子どもが自由に自己発散や不安の解消、ポジティブな人間関係を体験する効用を利用した心理療法。（前橋）

■プレイパーク（play park）

子どもたちには、自由で豊かなあそびや多様な経験が必要である。しかし、現代の子どもたちの生活を取り巻くあそび環境は、多様性に乏しく、自由度の少ない憂慮すべきものとなっている。そこで、子どもたちのもつ「何かしてみたい」という興味や意欲を実現させるために、禁止事項をつくらず、土、水、木、石、火などの自然や道具・工具を使って、思い思いに遊ぶことのできる遊び場をプレイパークと呼んでいる。プレイパークの考え方は、「危険があるから、子ども自ら注意もするし、冒険心や挑戦心もわく。一人ではできないから、仲間と協力することを覚える。小さなケガを繰り返す中で、大きな事故から本能的に自分を守る術を身につけることができる。」というところにある。そうした自由なあそびを保障するための工夫は、①あそび場の運営を地域住民が担っていること。②プレーリーダーが常に配置されていること。③「自分の責任で自由に遊ぶ」というモットーを書いた看板を示すこと等がある。（前橋）

■ へ ■

■ペアポーズ（pair pose）

他者や親子など、2人組で行うポーズで、2人がいっしょに、協調性やバランス力を養う。（楠）

■閉脚とび（a shut leg flies）

跳び箱に両手をつき、脚を閉じたまま、跳び越す。（永井）

■平均台（balance beam）

バランスをとる遊具で、幅10cmぐらいの角材を、ある高さで水平に固定したものである。器械運動や体操競技の一種目となっている。平均台は、移動遊具の一つで、台上で静止したり、渡ったりして、平衡性を養ってくれる。（前橋）

■平行あそび（parallel play）

子どもの発達に伴い現れてくるあそびの状況を示したもので、同じ場所にいて同じあそびをしながらも相互に関わりをもたない状況のあそびをいう。子どもが相互に関わらない活動が展開している中で、友だちのことが気がかりで横目で見ながら模仮し合うことが多い。ひとりあそびが確立して、平行あそびが現れ、他の子のことが気になり、関わり合いが生じて二人あそびができるようになる。さらに、子ども同士の関係の深まりにより、連合あそびから協同あそびへと移行していく。（松原）

【宇田川光雄：遊びの世界を考える，全国子ども連合会社，1982.】

■平衡系運動スキル（balance skills）

バランスをとる、渡る等、姿勢の安定を保つ動作スキルをいう。（前橋）

■平衡性（balance）

平衡性とは、からだの姿勢を維持し、バランスを保つ能力のことで、動きながらバランスをとる動的平衡性と、その場で静止した状態でバランスをとる静的平衡性とにわけられる。動的平衡性では、平均台の上を歩いて渡ることができる。また、静的平衡性では、片足立ちで自己の身体のバランスをとることができる能力である。狭いところに立って歩いたり、不安定な状態で身体のバランスをとる等のあそびで育成される。（前橋）

■ベビーシッター（baby-sitter）

ベビーシッターは、子どもの養育者との契約に基づき、養育者が家庭にいない間に、子どもを一時的、単発的に世話をする。個人の家庭に派遣される場合とベビーシッターの自宅や施設に、複数の子どもといっしょに預かる場合とがある。いずれも営利目的の民間サービスだが、地域によっては、市町村が補助金を出して運営されている場合もある。（前橋）

■ベビーホテル（baby-hotel）

認可外保育施設で、子どもを24時間いつでも預かる営利を目的とするもので、夜間に及ぶ保育や宿泊を伴う保育、時間単位で一時預かりを行う等の利用形態をとる。（前橋）

■ヘルスプロモーション（health promotion）

保健・医療・福祉のみならず、全ての分野が参画して、健康づくりに関する人々のニーズの施策化を図る実践的取り組みである。（前橋）

■扁平足（flat feet）

足裏のアーチが下垂した状態。幼児期には、多くの子どもが外反扁平足ぎみであるが、3歳以降の歩行や運動により大部分が改善する。（吉村）

■ ほ ■

■保育士（childcare person, preschool teacher, nursery school teacher）

家庭での保育に欠ける乳幼児の世話を行う保育の専門家。基本的生活習慣を身につけさせたり、子どもの健全な育成と豊かな人格形成を手助けしたりする。また、保護者に対し、育児指導を行う。児童福祉法に基づく資格である。（前橋）

■保育所（nursery school, pre-school）

保護者の仕事や病気などのため、家庭で保育が困難な0歳から就学前までの子どもを預かり、基本的生活習慣を身につけさせたり、健康管理に努める等、健全な育成と豊かな人格形成の手助けをする施設である。（前橋）

■ホイジンガ（1872-1945）の〈遊び〉論（Play Theory of Jahan Huizinga）

遊びの大衆化の傾向とそれが遊びそのものにもたらす危機とを感じとり、それに反発した学者が、ホイジンガであった。

著『ホモ・ルーデンス』（1938）の根底には、こうした切実な問題意識を認めることができる。それは遊びに関する理論の出発点であった。ここから出発して、ホイジンガは遊びを次のように定義している：「形式についても考察したところをまとめて述べてみれば、遊びは自由な行為であり、'ほんとうのことではない'としてありきたりの生活の埒（ら

ち）外にあると考えられる。にもかかわらず、それは遊ぶ人を完全にとりこにするが、だからといって何か物質的利益と結びつくわけではまったくなく、また、他面、何の効用を織り込まれているのでもない。それは自ら進んで限定した時間と空間の中で遂行され、一定の法則に従って秩序正しく進行し、しかも共同体的規範を作り出す。それはみずからを好んで秘密で取り囲み、あるいは仮装をもって、ありきたりの世界とは別のものであることを強調する。」

つまり、ホイジンガの定義によれば、自由、非日常性、没利害、時間的・空間的な分離、特定のルールの支配、という五つの事柄が遊びにおいて特徴的である。（鈴木）

■ボール（ball）

ボールは、球形のもので、「たま」や「まり」とも呼ばれ、親しまれている。片手で扱える大きさのものから、両手でかかえる大きさのものまで、様々な種類がある。（前橋）

■ボール投げ（ball throw）

ボールを投げる運動、もしくは、あそびのこと。基礎的運動能力である投げる能力をみるテストの一種目では、硬式テニスボールをできるだけ遠くに投げさせ、ボールが落下した地点までの距離を計測するもの。（前橋）

■ボール投げテスト（ball throw test）

運動能力測定項目の一つで、投げる能力「投力」をみる項目である。幼児では、テニスボールを用い、測定方法は、地面に描かれた円内から投球させて、ボールが落下した地点までの距離を、あらかじめ1m間隔に描かれた円弧によって計測する。（前橋）

■保健所（public health center）

公衆衛生行政の第一線機関であり、児童福祉に関しても、母子保健や身体障がい児などの福祉の分野においても、大きく寄与している。「児童福祉」関係業務の主なものは、①児童および妊産婦の保健について、正しい知識の普及を図る、②未熟児に対する訪問指導や医療の援護を行う、③身体に障害のある児童の療育について指導を行う、④疾病により、長期にわたる療養が必要な児童の療育について、指導を行う、⑤児童福祉施設に対し、栄養の改善、その他、衛生に関し、必要な助言を行うことである。母子保健の窓口機関として、種々の相談や指導を行っている。（前橋）

■保健センター（health center）

住民に対し、健康相談、保健指導および健康診査、その他、地域保健に関して必要な事業を行うことを目的とする施設として、市町村や特別区に保健センターが設置されている。また、保健と福祉に関する相談からサービス提供までを一体的に対応できるように、保健福祉センターとして運営している場合もある。（宮本）
【地域保健法 第18条】

■母子家庭（a fatherless family）

配偶者のいない女子と、この者が扶養する20歳未満の児童との家庭である。（前橋）

■歩数（the number of walking steps）

歩数計を用い、日中の歩数を計測し、運動量にあたる身体活動量をみる。まず、歩数計を0にセットし、ズボンのふち、左腰の位置（腰部側面）に取りつけて計測する。（前橋）

■母性行動（愛）(maternal behavior)

　生殖・妊娠を支える時期には、卵胞ホルモン（エストロゲン）、黄体ホルモン（プロゲステロン）、プロラクチン、オキシトシン等のホルモンが母性行動の発現を促進するので、妊娠期間中の母性意識は、ホルモン・内分泌系によって発現・維持されているという。それが、産後は、神経系のコントロールに置き換わって母性行動となる。つまり、母親が児に母乳を与えながら、世話をすることによって、自然な形で、神経学的機構に基づいて「母性の維持」がなされる。出生直後から、乳児といっしょに過ごすことができれば、授乳による吸綴刺激を受けて、母親の母性行動が発現し、そして、母子相互作用により、母性行動が円滑に確立・維持されていく。(前橋)

■ホッピング (hopping)

　スチール製の棒の最上部に、握るためのハンドルがあり、下の部分に足を置くステップとバネがついている遊具。バランスをとりながら、跳ねて遊ぶ遊具。(永井)

■ボランティア (volunteer)

　自発的な意思に基づいて、技術援助や労力提供などを行うこと。必ずしも無償性、善意性の意味を含むわけではない。語源は、自由意志を意味する、ラテン語の「voluntas」から派生して、志願兵を意味する英語の「volunteer」となり、日本では、自主的に社会活動に参加する意味をあらわす表現として「ボランティア」となってきた。(宮本)

■盆踊り

　祖霊、精霊を慰め、死者の世界にふたたび送り返すことを主眼とし、村落共同体の老若男女が盆踊り唄にのって集団で踊るもので、歌は音頭取りがうたい、踊り手がはやす。盆棚で祖霊を歓待したのち、無縁の精霊にもすそ分けの施しをし、子孫やこの世の人とともに楽しく踊ってあの世に帰ってもらうという、日本固有の精霊観に仏教の盂蘭盆会が習合して、より強固な年中行事に成長した。(藤田)

■ ま ■

■前まわり（鉄棒）
(the circumference in front of a horizontal bar)

　鉄棒を軸として、前方へ回転すること。腕支持の姿勢から行う空中前まわりや膝をかけた膝かけ前まわり等がある。(永井)

■巻き爪 (ingrown nail)

　足の爪が横方向に曲がっている状態。爪を短く切りすぎることや、爪の角を切り落とすこと、小さいサイズの靴を履き続けることで起こることが多い。また、大きすぎるサイズの靴を履くこと、靴のマジックベルトを緩めに履くことによる、足の前滑りで起こる場合もある。足部の爪端が靴先に押し込められることで指に食い込み、痛みをひきこすこともある。いったん食い込むと改善するのが困難である。(吉村)

■マット (a mat, a gym mat)

　移動遊具の一つで、マット運動に用いる厚い敷物。幼児用では、厚さ5cm程度のものが多い。(永井)

■マット運動 (mat exercises)

　器械運動の中の一種目で、マットを使って行う運動の総称。一般的には、弾力性のある布の敷物（マット）の上で行うが、簡単なマット運動の基本の

あそびは、おふとんや畳の上で行える。幼児の場合は、「前転」（前まわり）の基本である「でんぐり返り」を、お遊戯会や運動会で発表することがある。その他にも、「後転」（後ろまわり）、「逆立ち」（倒立）、「そくてん」「側方倒立回転」などがあり、その基本は、手押し車のような手で自身のからだを支える支持力を身につけることが大変重要である。（永井）

■マットの後まわり
(turn around after mat)

マット上でしゃがむ、または、座った姿勢から、後方へ尻・背中・頭の順でつき、最後は手で押しながら一回転をする運動。（永井）

■マットの前まわり
(the circumference in front of mat)

マット上でしゃがんだ姿勢から、前方へ手・頭・背中・尻の順でつき、最後は足の裏で立つように一回転をする運動。（永井）

■まりつき (bounce a ball)

まり（ボール）をついて遊ぶ運動やあそびのこと。（永井）

■丸太倒し（親子体操）

親子体操の1つである。親は仰向けに寝て、両足を床面と直角に上げる。その両足（丸太）を、子どもが押したり引いたりして、床面に倒して遊ぶ。親は、床面に足がつかないように踏ん張って競うあそびです。（泉）

【日本幼児体育学会　前橋　明：幼児体育実技編，大学教育出版，p.258，2017.】

■ み ■

■水あそび (dabbling in water)

水の中でのあそびで、水をかき混ぜたり、たたいたり、足をバシャバシャさせたり、物を浮かべたり、沈めたりして、楽しむあそびである。また、水中で支えたり、沈まずに浮いていたり、身体を推進させて調整できるようにさせると、水泳へとつながっていく。水中で動きを連続できるようになると、さらに、水中でからだがどのように動くかを理解できるようになっていく。（前橋）

■脈拍 (the pulse)

脈拍は、血液が心臓から押し出されることによって、動脈に周期的に起こる運動のこと。幼児は、心臓が小さく、心筋も弱く、1回拍出量が少ないため、心臓からの拍出数（脈拍数）は多くなる。1分間の脈拍数は、大人では 60 ～ 80 回／分であるが、幼児では 80 ～ 120 回／分である。脈拍の測定は、橈骨動脈、頸動脈など、動脈が皮膚の表面を走っている部位に、第2～4指の3本の指先をあてて、測定する。（前橋）

■民生委員 (local welfare officer)

民生委員は、厚生労働大臣から委嘱され、それぞれの地域において、社会奉仕の精神をもって、常に住民の立場に立って相談に応じ、必要な援助を行い、社会福祉の増進に努める方々であり、「児童委員」を兼ねている。活動内容は、①社会調査、②相談、③情報提供、④連絡通報、⑤関係機関との調整、⑥生活支援、⑦意見具申などがある。業務に協力すること。（宮本）

【全国民生委員児童委員連合会：新任民生委員・児童委員の活動推進の手引き，全国社会福祉協議会，2004.】

■民族舞踊 (folk dance)

特定の民族、国民固有の伝統様式をもつ古典舞踊をさす。民族、あるいは、そ

の民族によって形成される国家を単位にした舞踊の総称。(藤田)

■**みんなにスポーツ**（Sport toward All）

みんなのスポーツが、誰にでもできるという種目的な意味合いを有しているが、スポーツの普及にあたっては、スポーツ（種目）に取りかかるにあたって、誰にでもできるという易しさを強調するのではなく、スポーツそれ自体を、誰にも提供できる社会の構築が大切である。

運動しない個人を「個人の責任」などと決めつけるのではなく、個人の「運動の習慣化」を促す一方、組織、企業、機関、行政などは、「運動習慣の社会化」を図り"みんなにスポーツ"の推進が現代社会にあって重要なこと。(鈴木)

■**みんなのスポーツ**（Sport for All）

ベルギーのブリュッセルにおいて、1975年3月20日、European Sport for All Chapter が制定され、日本では Sport for All を「みんなのスポーツ」と捉え、スポーツの普及を図っているが、みんなのスポーツは、誰にでもできるという種目的観点に立っているところに課題がある。(鈴木)

■ **む** ■

■**群れあそび**（group play）

集団性の高いルールのあるあそびで、ケイドロ（ドロケイ）や缶けり等がある。

子どもが自由に選択して、参加するあそびであり、あそびを通して各自に役割が生じ、自分の役割を媒介にして、自覚や自分の行動の仕方や人との関わり方、ルールを守ることの重要性などを学んでいく。また、協調性・協力性・競争心・

相手を思いやる心、判断力、正義感などを育み、子どもの全面発達を促す。少子化が進んだ現代社会においては、地域の中で、近所の子どもたち同士の異年齢集団でのあそび経験は難しくなった。「群れあそび」を知らない子どもたちに、指導者は、あそびのリーダーとして、その楽しさを伝える役割も担っている。子どもは、遊び込んでいくうちにルールを変化させながら、自分たちのあそびとして定着させていく。指導者はあそびの楽しさを共有しながら、徐々に主導権を子どもたちに渡していくことが大切である。(佐野)

■ **め** ■

■**瞑想**（meditation）

心を静めて神に祈ったり、何かに心を集中させることである。無心になること、目を閉じて深く静かに思いをめぐらすことをいう。現代では、健康の向上や心理的治療、自己成長、自己向上などの世俗的な目的をもって、様々な瞑想が行われている。(郭)

■**メリーゴーランド**（親子体操）（merry-go-round）

親子体操の1つである。親は子どもを抱っこして、子どもは親の腰や胴体の部分を両足でしっかりと挟む。親は、子どもの腰や尻部分を抱え、子どもをゆっくりと、後方にバンザイの形で倒れさせる。その後、親がゆっくり回転し、メリーゴーランドに見立てて遊ぶ。(泉)

【日本幼児体育学会 前橋 明：幼児体育実技編, 大学教育出版, p.260, 2017.】

■**メンタル・フレンド**（mental friend）

児童の兄や姉に相当する世代で児童福祉に理解と情熱を有する大学生が、児童

相談所の児童福祉司による指導の一環として、家庭訪問し、児童の良き理解者として、児童の自主性や社会性の伸長を援助する「ふれあい心の友」である。メンタル・フレンドは、都道府県単位で募集、登録、研修を行うこととされている。（前橋）

■ も ■

■目視（seeing）

目視は、遊具の安全点検方法の一つで、外観や形状を見て、劣化の有無を確認すること。支柱の地際部は、重要なチェックポイントであるため、掘削して調査する。（前橋）

■モダン・ダンス（modern dance）

20世紀初頭にアメリカやドイツ等で生まれたダンス。現代舞踊・創作舞踊、あるいは前衛舞踊を含めてモダン・ダンスと呼ぶことが多い。トゥ・シューズを履かず、形式にとらわれず、自由に踊ることをモットーとし、後に独自の理論と訓練法をもつようになり、体系化していく。（藤田）

■モダン・バレエ（modern ballet）

劇的な展開や幻想性を排し、抽象的な動きによって構成された自由な発想によって行われるバレエをいう。クラシック・バレエの訓練法を基礎にしており、その意味では、クラシック・バレエと対立するものではない。20世紀に新たに生まれたバレエを、一般にモダン・バレエと呼ぶ。（藤田）

■モニュメント遊具

（monument playground equipment）

モニュメント遊具は、遺跡や遺物を見立てた遊具。一例として、博物館でしか見ることのできなかった恐竜が、子ども

たちのあそび場にやってきて、安全性とリアリティ感を経験でき、また、本物の化石にも勝る存在感を味わわせてもらえる遊具である。（前橋）

■模倣学習（imitation learning）

他人が行う行動をまねして学習すること。（楠）

■ や ■

■野外レクリエーション

（open-air and outdoor recreation）

自然を対象としたレクリエーションで、登山、ハイキング、海水浴、キャンプ、オリエンテーリング、サイクリング、スキー、釣など。現代の多様な野外での種目活動を整理するとき、野外スポーツ（outdoor sports）と野外で自然との関わりを深く有する野外活動（outdoor and nature related activity）とに区別することもできる。（鈴木）

■夜間保育（night nursery）

夜間まで就労する親が子どもを預けるため、保育時間が、午前11時から午後10時までの10時間となっている保育をいう。また、延長保育制度を併用することによって、さらに前後あわせて、6時間の時間延長が可能となっている。（前橋）

■ ゆ ■

■遊戯（play）

本来、遊び戯れる広い意味をもつが、幼少時、幼稚園などでの「お遊戯」の体験から、この言葉も単に踊り戯れることを意味する歪曲化の道をたどっている。（鈴木）

■遊戯室（play room）

子どもたちが集団で遊んだり、踊った

りできる部屋。（永井）

■遊具 (play equipment)

遊戯に使う器具やあそび道具のこと。移動遊具と固定遊具がある。（宮本）

■遊具履歴書 (playequipment resume)

個別の遊具について、設置に関する記録、安全点検の実施状況、構造部材や消耗部材についての補修、交換等の実施状況等を時間軸に従って記録し、保管するもの。（宮本）

【国土交通省：都市公園における遊具の安全確保に関する指針，2014.】

■ よ ■

■養育困難児
(the child whom it is hard to bring up)

保護者の病気、家出、離婚などにより、養育が困難であるとされる子ども。（前橋）

■幼児期 (period of preschool)

幼児期は、1歳から3歳までの前期と、3歳から小学校入学までの後期に分けられる。幼児期には歩行能力をはじめ、様々な運動能力の発達が得られる。幼児期の離乳、歩行、発語が、人生初期の3大事件とも呼ばれる。（前橋）

■幼児体育 (physical education of young children)

幼児の「体育」を、幼児のための身体活動を通しての教育として捉えると、「幼児体育」は、各種の身体運動（運動あそび、運動ゲーム、スポーツごっこ、リトミック、ダンス等）を通して、教育的角度から指導を展開し、運動欲求の満足と身体の諸機能の調和的発達を図るとともに、知的、精神的、情緒的発達を促し、社会性を身につけさせ、心身ともに健全な人間に育てていこうとする教育である。

また、体育が教育である以上、そのプロセスには、系統化と構造化が必要である。つまり、幼児の実態を知り、指導の目標を立て、学習内容を構造化して、指導方法を工夫・検討し、その結果を評価し、今後の資料としていくことが必要である。そして、指導は、体育あそびが中心となるので、健康・安全管理の配慮のもとに展開されることが重要である。（前橋）

■幼児体育の目的 (purpose of physical education of young children)

幼児体育では、運動あそびをすることで運動技術面の向上のみをねらうのではなく、「がんばってできるようになった」という達成感や、「ああ、おもしろかった」「また、したい」「もっとしたい」という満足感を自信につなげていくような「感動体験の場」をもたせることをねらう。

幼児体育で大切なことは、運動の実践を通して、運動技能の向上を図ることを主目的とするのではなく、「幼児がどのような心の動きを体験したか」「どのような気持ちを体験したか」という「心の動き」の体験の場をもたせることが最優先とされなければならない。つまり、心の状態をつくりあげるためにからだを動かすと考えていきたい。

そのためには、次の3つをねらいとしたい。①自分で課題をみつけ、自ら考え、主体的に判断して行動していく意欲と強い意志力を育てる。②他者と協調し、友だちを思いやる心や感動する心がもてる豊かな人間性を育てる。③健康生活を実践できる体力や運動スキルを身につけさせる。（前橋）

■**幼稚園**（kindergarten）

　3歳から、小学校に入学する学齢までの子どもを対象に保育する幼児教育施設であり、学校の一種である。幼児を保育し、適切な環境を与えて、その心身の発達を助長することを目的とする。（前橋）

■**幼稚園教諭**（kindergarten teacher）

　3歳から就学までの幼児を対象に、教育に重点を置き、健康安全で幸せな生活のために必要な日常の習慣を養わせ、身体的な機能が健全に発達するように図る教員であり、学校教育法に基づく資格である。（前橋）

■**要保護児童**

　（protection child required）

　児童のうち、家庭で十分な養育が受けられず、保護、教育、療育を必要とする者。（前橋）

■**余暇教育**（leisure education）

　米国で1974年に盛んに議論され、余暇教育の5つの構成要素も、以下のように確認された。それらの要素は、レジャー認識（leisure-awareness）、自己認識（self-awareness）、レジャースキル（leisure skill）、社会的交流（social interaction）そして意思決定（decision making）。（鈴木）

■**ヨガ**（Yoga）

　ヨガは、規律の科学である。サンスクリット（梵：संस्कृत、samskrta、Sanskrit）は、古代から中世にかけて、インド亜大陸や東南アジアにおいて用いられていた言語で、「結ぶ」「つなぐ」を意味する。集中とリラクゼーションの繰り返しによって、心身両面のバランス維持力が強まり、エネルギー効率、自己観察力が高まる。ポーズは、自分に意識を向けながら行うので、自覚力を高め、健康増進、精神安定、体力の向上や精神力強化が図

られ、積極的な思考や忍耐力、行動力が身につき、人生を前向きに歩む基盤づくりにつながる。（楠）

■**四つ這い**（creeping）

　四つ足で這うことで、creepingという。腹を地につけて這うことを腹這い（crawling）という。（前橋）

■ ら ■

■**ライン引き**（line pull）

　スポーツ競技のトラックや運動会会場づくり等で白線を引く際に用いる用具。ラインパウダーと呼ばれる炭酸カルシウムや石膏を原料とする白い粉を専用の入れものに入れて使用する。（廣中）

■ り ■

■**リスク**（risk）

　リスクとは、損害や事故の可能性を指す。わくわくする遊具のもつリスク（予測できる危険）は、子どもたちの挑戦したい気持ちを掻き立ててくれ、その状況下で、様々なあそびや運動をすることによって、身体能力をより一層高めていくことができる。ただし、予測できない危険「ハザード」はなくすことが必要である。（前橋）

■**リズム**（rhythm）

　リズムとは、音、拍子、動き、または、無理のない美しい連続的運動を含む調子のことで、運動の協応や効率に関係する。音楽や動きに合わせて、適切に拍子をとったり、踊ったり、体操したり、簡単な動きを創ることを指す。子どもたちは、リズム運動の中での各運動スキルの実行を通して、身体の使い方をより理解できるようになる。一様のリズムや不規則なリズムの運動パターン、軸上のリズ

ミカルな運動パターンをつくり出す。例えば、一様の拍子で走って、不規則な拍子でスキップをする。怒りや恐れ、楽しさ等の情緒を、リズム運動を通して表現する。リズミカルなパターンの創作ができるようになる。(藤田)

■**リズムあそび** (rhythmic activities)

リズム活動を中心とした身体の動きの伴った音楽表現あそびのこと。身体表現や指・手あそび・歌あそび等を含む幼児の音楽表現活動全般の意でもある。それは、1989年以前の幼稚園教育要領における6領域の時代に、一つの領域として「音楽リズム」の存在があったからである。あそびを通して楽しみながら自己解放し、自発性や主体性および集中力を重視した表現活動である。実際には、動物や身近な題材をもとに、ごっこあそびを通しての身体表現、動きの伴った歌の活動、リズム楽器による楽器あそび等である。既成の音楽や保育者の音楽に合わせるのではなく、子ども一人ひとりが自ら動くことに深い配慮が必要である。(松原)

【大阪克之監修：感性を育む表現教育，コレール社，1997.】

■**リズム感** (rhythmic sensitivity)

動きに関する感じ方のことである。リズム感とは、音楽的時間に関することで、リズム感の根源は心臓の鼓動であり歩行であり、単なる時間性のみならず、空間性や力動性が伴った身体的で主体的なものである。子ども一人ひとりの内にリズムがあり、それは、環境や文化により異なる。リズム感の良し悪しは、自分自身の内部に耳を傾け、自己を感じることが出発点であり、リズムパターンや拍子などを正確に認知、または、再現する

ことだけではない。リズム感の感得は、本質的に身体の経験や体感によるものである。したがって、子どもたち一人ひとりの日常生活での豊かなリズムの体験の積み重ねが大切であり、皆でリズムを合わせることよりも、その子らしさを前提として進めなければならない。保育の実際には、手あそびや歌あそび等、ことばが入っているものやゲームや音楽を聞いて自由に動いたり踊ったり等、身体の動きが伴うことがリズム感を養う有効な方法である。(松原)

【大阪克之監修：感性を育む表現教育，コレール社，1997.】

■**リトミック** (eurhythmics)

スイスの作曲家、エミール・ジャック＝ダルクローズによって創られた、音楽の諸要素を、動きを通して体験することで、感性を磨き、表現力を高めることを目的とした音楽教育法。(廣中)

ダルクローズ・ユーリリズミクスの別称である。生理学的・心理学的・芸術的などの多様な視点からの学際的基礎に基づき、その内容は、①ソルフェージュ(声と動きの音楽教育)、②リズミックムーブメント(身体運動を伴うリズム・表現教育)、③インプロヴィゼイション(即興演奏・即興表現による表現教育)の三本柱と身体の動きと即時反応が共通の方法により、心身の諸感覚機能および芸術的な想像力や創造力を高め、精神と身体の調和を目指して人間形成に資することをねらいとした音楽教育である。(松原)

【ダルクローズ・板野 平訳：リズム運動，全音楽譜出版社，1970.】

■**療育** (rehabilitation)

注意深く特別に設定された特殊な子育

てであり、関わる人々の発達も含めた子どもの人格の発達を可能にする専門的援助。（前橋）

■両手握力

(grip strength with both hands)

両手で物を握りしめる力。測定では、からだの元気さをみる指標として、前橋明氏が始めた測定種目である。握力を測定するには、通常片手で行われるが、幼児の場合には、まだ非力であるため、握力計の握りを両手で握らせて測定する。また、握力計は、学童用のものを使用する。握り方は、両手を並べて握っても、重ねて握ってもよい。子どもの握りやすい方法をとる。直立の姿勢で両足を左右に自然に開き、腕を自然に下げ、握力計を身体や衣服に触れないようにして、力いっぱい握りしめて測定した筋力値である。この際、握力計を振り回さないようにさせる。（生形）

【すこやかキッズ体力研究会編：体格体力測定実施要項−幼児版, 2006. 】

■緑道 (Green Road)

災害時における避難路の確保、都市生活の安全性および快適性の確保などを図ることを目的として、近隣住区、または近隣住区相互を連絡するように設けられる植樹帯および歩行者路または自転車路を主体とする緑地で幅員 10 〜 20m を標準として、公園、学校、ショッピングセンター、駅前広場等を相互に結ぶよう配置される公園。（宮本）

【国土交通省：都市公園法, 1956. 】

■リングうんてい

(ring of overhead ladder)

曲線の持ち手を傾けた運梯。手首を進む方向に平行にして渡る。ぶら下がって移動することにより、全身の筋力や持久力、瞬発力を高めるとともに、動きを効率的に連続させるためには、リズム感も必要になってくる。（前橋）

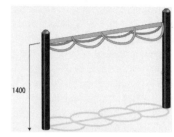

■リング登り (ring up)

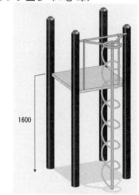

スパイラルリングの登り棒で、からだをリングに合わせて回転させながら上り下りする。筋力や持久力、手足の協応性や器用さを育み、身体調整力を向上させる。動きに慣れてくると、巧緻性が高まり、移動系運動スキル（登り降り）がよりスムーズに発揮できるようになる。（前橋）

■ れ ■

■レクリエーション (recreation)

「単なる遊び（mere play）から創造的

活動（creative activity）までを含む一連の段階的な広がり（spectrum）の中にあって、①余暇（レジャー）になされ、②自由に選択され、③楽しみを主たる目的としてなされる、活動（activity）であり、歓娯（よろこび楽しむこと）の状態（state of being）をいう。」例えば、外側の枠組みであるレジャーという器（あるいは水槽）の中にレクリエーションという料理（あるいは金魚）として存在すると捉えることもできる。上記の①②③は、レクリエーションの条件にあたる。（鈴木）

■レクリエーションスポーツ
(recreation sports)

　スポーツの語源的な意味からすれば、自分を仕事から引き離す、あるいは日常生活と違った場所で楽しむといった意味があり、余暇時間に行うものである。スポーツは、本来、レクリエーション活動の一分野であるので、あえてレクリエーション・スポーツと呼ぶことはないといえる。しかし、トップレベルのスポーツマンたちのほとんどは、余暇時間のみでは、そのレベルを維持することは不可能になっていることから、このような主張は現実問題では適合しなくなった。1964年の国際スポーツ・体育協議会（International Conference on Sports and Physical Education）において、スポーツを「学校におけるスポーツ」「競技選手のスポーツ」「余暇時間におけるスポーツ」と分類した。この中の「余暇時間におけるスポーツ」は、実は本来のスポーツの姿であり、レクリエーション・スポーツの考え方でもある。（中丸）
【北川勇人：ニュースポーツ辞典，遊戯社，pp.3-5，1991.】

■レクリエーション世界会議
(World Recreation Congress)

　ロサンゼルスオリンピック会期1週間前に開催された第1回レクリエーション世界会議には、4万人にも及ぶ参加者が集っている。1961年の全米医師会によるレクリエーションに対するステートメント、すなわち、レクリエーションは、①積極的な健康に役立つ、②病気の予防に役立つ、③病気の治療に役立つ、そして、④諸機能の回復、獲得に役立つ、という提言により、全米のレクリエーション関係団体は勢いを得て、1965年に全米レクリエーション・公園協会（NRPA＝National Recreation and Parks Association）という統一団体組織の成立をみた。NRPAの前身であるNRA（＝National Recreation Association）は、第1回レクリエーション世界会議開催2年前の1930年に設立されている。（鈴木）

■レジャー／余暇 (Leisure)

　スコーレ（ギリシャ語）とリセーレ（ラテン語）の二語に語源があり、これらは本来、「労働を有しない自由で許されている身分や状態（これがリセーレの意味）であり、建設的で教育的・学問的な意味合いをもつ活動（これがスコーレを意味する）」を示している。労働を有しない有産階級・有閑階級、いわゆるレジャークラスは、労働を有しないがゆえに、日々の活動は決して単なる遊びに終始していたわけではなく、むしろ自己の向上に向けた活動（教育的、学問的、建設的意味合いをもつ内容）が中心に行われていた。余暇の三つ目の機能である自己啓発や自己開発といわれる領域の活動が当たり前の活動として、レジャーという概念のもとに行われていた。しかし、労働者階級

にも自由で選択できる形態で何か好きなことができるような時代となり、十分ではない質量の範囲にとどまる労働後の活動は、勢い"休養・休息"と"気晴らし・娯楽"の狭い領域が強調され、単なる遊びや戯れの領域が肥大化してきた。本来のあるべき姿の余暇は方向を変え、労働からのストレスや疲れの癒しとしての余暇に変貌し、大衆余暇 (mass leisure) が誕生した。労働という拘束はもつものの、余暇が身分的に許された階級の中に増大し、レジャーの遊戯・娯楽的感覚は労働との対比により生まれたもので 単なる遊びの領域が中心となるレジャーへと、本来の内容からの逆転現象が生じた。レジャーの三機能の整理をすれば、①休養・休息は、回復機能であり、②気晴らし・娯楽は、発散機能であり、③喜古開発・自己啓発は、蓄積機能である。当然、ボランティア活動も、余暇の蓄積機能の中に存在する。(鈴木)

■**連合運動会** (alliance athletic meet)

近隣の学校が集まっていっしょに行う運動会を、連合運動会という。そのため、競争心を通じての志気高揚の図れる学校対抗や紅白対抗などの方式が多くとり入れられる。かつて、連合運動会に出場するために、各学校がその会場に歩いて集合していたことが、「遠足」のはじまりとなっている。(前橋)

■ **ろ** ■

■**ロープはしご** (rope ladder)

ロープで吊り下げた梯子で、揺れながら踊り場まで登ることができる。吊り梯子を両手でつかんで登ることにより、両手の筋力や腹筋力、背筋力、バランス能力が身につく。動作としては、移動系運動スキル(登る・下りる)が養われる。(前橋)

■**ロープ渡り** (wire act)

斜めに張ったロープに掴まり、からだを揺らしたりしながら渡る遊具。ロープにつかまって渡って進むことによって、平衡性や巧緻性を養い、平衡系運動スキル(渡る)を身につけることができる。また、ロープにぶら下がることによって、筋力や持久力が養える。(前橋)

■**ろく木** (wall bars)

木製の丸い棒を、水平かつ垂直に登りやすい間隔で並べて固定した遊具。登っ

たり、降りたり、横へ移動する等して遊ぶ。（永井）

■**ロゲイニング（rogaining）**

　地図とコンパスを使用し、山野に設定された競技エリア（コース）内にある得点を付したチェックポイントを任意の順序で走歩によって回る、オーストラリア発祥の野外スポーツ。英語ではロゲイン（rogaine）。2から5名で構成されるチームで、制限時間内に獲得した点数を競う。読図力、チームワーク、持久力、戦略がその競技特性とされる。これに対して、オリエンテーリングは、コース上に設置された通過ポイント（コントロール）を指定された順序で回り、フィニッシュまでの所要時間を競う。ロゲイニングでは、自チームのペースで行動できることから、子どもから高齢者まで、体力や習熟度に合わせた楽しみ方が可能である。（中井）

【日本オリエンテーリング協会：オリエンテーリング―地図を片手に大地を駆ける，日本オリエンテーリング協会，pp.131-132，2015.】

■**ロボット歩き（親子体操）（robot walking）**

　親子体操の1つである。子どもと親が同じ方向を向き、親の足の甲に子どもを乗せて、手を繋いで、ロボットのように歩く。（泉）

【日本幼児体育学会　前橋　明：幼児体育実技編，大学教育出版，p.261，2017.】

■ **わ** ■

■**ワニ歩き（crocodile walk）**

　腹這いの姿勢で、ワニの動きをまねて、地面に胴体をつけたまま、手足を使って前へ進むこと。（永井）

■**わらべうた（traditional children's song）**

　子どものあそびや生活の中から、伝搬伝承されてきた歌。自然童謡・伝承童謡ともいわれるが、現在、これらは「わらべうた」として認知され、定着している。縄跳び歌・まりつき歌・絵かき歌などのあそび歌、赤ちゃんの手あそび歌、自然や動植物の歌、祭事や年中行事の歌、子守唄などに分類される。単なる伝承ではなく、その地域や子どもの集団形成により、再創造されたり、おとなとの合作文化の場合もある。音楽的には、概して伝統的旋法、歌詞やリズムは流動的で即興的な場合が多い。現代は、子どもの集団形成が困難で伝承や再創造および大人の合作ができにくい状況にある。（松原）

トピックス 1

レジャーとは何かを問うこと

　今日、"レジャー"という言葉は日常的に使われ、あらためてその意味を問うことに意義は感じられないかもしれない。しかし、この言葉の意味を再考することこそが、現代における人間と社会とのありようについて、本質から考え直すことにつながるともいえるのである。

1．語源から：レジャーの語源
　レジャーはもちろん西洋からの外来語であるので、まず、その元の意味を、語源を簡単にたどるところからみてみよう。
　英語の leisure は、古フランス語の leisir（現在のフランス語では loisir）を語源としている。そして、この leisir は、ラテン語の動詞である licet の不定詞の名詞用法である licēre に由来している。そこからみると、その本来の意味は、「許されている（状態にあること）」である。
　フランス語の用例としては、12 世紀に、「自由であること」や「何もしないでいること」についての肯定的な意味として使われている。
　英語では、14 世紀初頭には「（何かを行う）自由」という意味の用法があり、17 世紀半ばまではその意味で使われていた。また、15 世紀以降には、職業など社会的制約から、自由に何かを求めることができる機会（時間）の意味でも使われてきた。そして、自分の意志で使える自由な時間がもてる状態、という意味で使われるようになって現在に至る。(Oxford English Dictionary)

2．語義として：レジャーの語義
　語源における「許されている」ということの意味について考察する上では、leisure/loisir と対立する言葉・概念が何かということがその手引きとなろう。ここでは、occupation/occupied に着目したい。
　occupation（これもまたフランス語にもとづく英語であり、その起源はラテン語である）は一般的に「仕事」を意味して使われるが、その語義は、何かによって「占められて（占有／占領されて）いること」である。レジャーという時間は、そのような何かに占められていない時間ということになるが、そう考えると、その「占めている」ものは、何も「仕事」には限らないとも考えられる。
　日本語でいう「暇つぶし」もまた occupation であるように、仮に行っていることが趣味や娯楽であろうとも、時間が埋められている／占領されている状態がそうであることになる。そうすると、leisure/loisir の時間は、何をしているかという内容のことではなく、何かに強制されも囚われたりもしていない、という意味での「自由な」心のもちようが本質であることになる。

3. 神話として表れる理想の状態：レジャーと神話

このような心のもちように意義を見いだすことには、西洋の文化的な歴史を見ることができるだろう。

今日の見方からすると、西洋文明は科学技術や資本主義などに象徴される、進歩主義的な競争社会がイメージされるのだが、その一方でその古代には、異なる世界観・歴史観が見られるのである。

自分たちが生きる現在をどのような時代であると捉えるのかについて、自分たちの遥か昔の祖先は理想郷に住んでいたとする神話は、世界各地に見られるのであるが、leisure/loisir の「囚われない心のもちようの時間」に相当する西洋のものをあげるとすれば、ギリシア神話の「黄金時代」がそれであろう。

ヘシオドスは、『仕事と日々』に、人類は過去の黄金時代、銀の時代、青銅時代、英雄時代を経て、今は鉄の時代にあると説明している。この鉄の時代とは、悲惨な生活を苦労して生きなければならない時代であり、この裏切りや不正が蔓延する中で、誠実な労働が賛美されるべきであるとヘシオドスは説く。

一方、原初の歴史時代である黄金時代とは、かつてクロノスが神々を支配していた時代であり、人間は神々と共に住み生きていたときであると描かれる。その世界は、調和と平和を特徴として、人間に必要とされるものは満ち溢れていて、人々の間には争いも犯罪もなく、各人に労働の必要はなかった。人は、平和のうちに生きて、死を迎えるときも安らかであったとされる。

この神話的な歴史観は、ローマ時代の詩人オウィディウス（BC43-AD17, 18）の『変身物語』に引き継がれ（黄金、銀、青銅、鉄の4つの時代）、その後の西ヨーロッパ文化に繋がり、今日に至るまで、様々な文芸作品やファンタジーのモチーフとなっている。

4. 理想とされる生き方：レジャーと理想的生活の原型

自分たちの意識を規定しているものを、それとは明確に意識していないまでも、西洋文明の古代に説かれた人類の「黄金時代」は、人間の本来の在り方のイメージとして、現代の西欧社会の中にも生き続けているとみられる。

プラトンは、ヘシオドスが述べている「黄金」を、善と高貴さの比喩であると読み解いたのであるが（『クラテュロス－名前の正しさについて』）、正義と善意が支配していたその時代とは、人間が本性的に善である世界である。

そのことは、自然の中で暮らす原初的な生活が、純真で平和な状態であったという見方であり、それが西洋では、アルカディアの牧歌的イメージと結びついている。

5. 技術という知への批判：レジャーと技術知の対立

原初的な生活に対して、現代の眼からそれを見れば、自分たちの現実である文明生活から物質の豊かさや利便さが剥奪された貧しい状態であり、また知的にも劣った状態としてイメージされるだろう。つまり、今を基準として「足りない」世界である。

　しかし、「技術」が生まれる以前の時代とは、自然と理性とが調和している時代なのである。それは、自然を「材・財」とみなす姿勢を人間に必然的にもたらす、「技術」という知の本質に関わることである。ハイデッガーは、それを現代社会の根本問題として批判しているが（『技術への問い』1953年）、ヘシオドスやオウィディウスは、西洋文明の起源においてそのことを語っていたともいえる。

　あるいは、西欧文明におけるもう一つの伝統に目を向けると、そこにも同じものを見ることができる。旧約聖書における創世記の神話である。

　人間が、満ち足りたエデンの園を追われたのは、知恵の木の実を摂取した、つまり、知恵を使うことになったためである。また、楽園を追放されたアダムとイヴの息子たちである、農耕民カイン（兄）による放牧民アベル（弟）の殺害は、アベルに象徴される狩猟採集民の自然と一体化した恵みに満ちた生活から、カインに象徴される絶えず物資の不足に向かう労働が必要とされる生活へと、人類と自然との在り方が転換したことも意味している。ここでの知は、技術という種類の知であり、それは、自然環境を脅威や危険、あるいは資源とみなして、それに対抗・利用して生き抜くための、労働の辛苦と結びつくものである。

　現実に人間の生存環境が過酷であるから、それに対処するために技術を発展させなければならない、という見方と、そのような自然を対象化する世界観こそが環境を絶え間なく厳しいもの（障害）としてゆくのである、という見方は、どちらが正しい、あるいは先であるともいえないが、人間性の本質を問う視点からみれば、自然と人間の知・技術が対立しあわず、調和している状態を理想とする見方は、西洋の文化的な基盤にもあるのである。

6. 文明社会への反省：レジャーと人間の本質への回帰

　文明社会の本質ともなる特徴は、人間にとって自分の生存をかけて苦闘する環境が、「自然」であるよりも、むしろ「人間社会」であると一般に認められていることだといえるだろう。自然環境の中での人間の生存欲求は、基本的に動物的なものと同質であるが、人間社会という環境の中では、人間特有の「欲望」というものに変質する。社会の中で自分の居場所を確保するために限りなく「働く」こと、また、「消費」の絶え間ない繰り返し、それらがまるで人間の本能的な欲求と区別がつかないように人を駆り立てるのである。

　このような社会環境への対応が人間の「欲」となって表れることへの反省は、西洋のみならず、様々な文明の中に価値観や生き方への指針として表れている。世俗的な欲望を放棄することで至高の祝福が訪れるという、ヒンドゥー教の教えはその代表的なものであろう。

　そして、技術文明と資本主義の先端を行く西欧の近代社会では、それは宗教よりも文芸として表れている。

　例えば、世界に先駆けて産業革命を成し遂げ、物質的繁栄を極めた英国ヴィクトリア朝期に現れた例として、J.M.バリーのピーター・パンを描く小説と戯曲があげら

れる。1902 年の『小さな白い鳥』に登場し、1904 年には戯曲として大成功をおさめ、1911 年に小説『ピーター・パンとウェンディ』としてまとめられた、そのモチーフは、人の子供時代を前文明期の自然の中での人間の幸福になぞらえて描いたものである。

　このピーター・パンの「パン」は、もちろん、ギリシア神話の牧神「パーン Pān」を連想させるもので、太古の自然の精霊に由来し、また、アルカディアの神であるそのイメージを担う存在なのである。

　そして、1926 年に発表された A・A・ミルンの『クマのプーさん』もまた、その後、多数の言語に翻訳され、現在に至るまで世界的に人気を得ている児童小説であるが、その中心テーマを表す言葉は、「何もしないをすること doing nothing」である。

　これらの作品があたかも定式を確立したように、子どもと自然になぞらえた無垢さ、無目的である状態、何ものにも役に立たないことを肯定的にとらえる姿勢は、繰り返し文芸の、あるいは娯楽作品の、モチーフとなり続けている。

7. 幸福追求と知的な活動：レジャーと幸福追求、アリストテレスの哲学

　これまで、レジャーについて、心のもちようという点に着目し、また、神話に見られる世界観・人間観から考察してきたが、ここであらためて概念として整理してみよう。

　leisure/loisir の語源であるラテン語の licēre の意味内容は、さらにギリシア語のスコレー skholè（σχολή）に遡ることができる。skholè は、現英語の school の、ラテン語 schola を介しての語源でもある。

　レジャーを意味する語が「学校」（教師、教室、建物、制度）の語源ともなっているのは、レジャーの時間に行うことが、議論をすることや講義を聴くという知的活動であり、そのような行いをする集団もさして、この言葉が使われたからであるとされる。そして、レジャーの語源としてのスコレーがどのような概念であったのかについては、アリストテレスの幸福論が参照される。（Aristotle, Nicomachean Ethics, 『ニコマコス倫理学』, Politics, 『政治学』）

　アリストテレスは、人間の活動の目的とされているものが、多くの場合、それぞれがまた他の目的の手段となっていることを分析したうえで、それ自体が他の目的のための手段とならない、終極的な目的となるものとして、「幸福」を挙げている。また、一般に幸福とみなされるものには、娯楽や快楽も含まれるのであるが、「徳 aretē」と結びついた行動のうちにあるものとして、彼の論じる「幸福」をそれらとは区別してゆく。そして、それは最高の徳に従ったものであろうとして、「観想 Contemplation, θεωρεία, theoreia」によって追及されるものとする。レジャー skholè は、そのための時間なのである。

　日本語で「観想／観照」と訳されるこのテオリアという人間活動は、それ自体が目的であって他の何かの手段とはなりえないもの、言い換えれば、「役に立たない」ものである。そして、それは怠惰や快楽にふけることでもない、純粋に知的な活動である。そのようにして、スコレー／レジャーの時間が「知」に結び付けられるのである

が、それがどのような知の活動であるのかということが、さらに追及されなければならない。アリストテレスは、人間の知をその特質に応じて分類しているからである。

アリストテレスは、人間の知を、真理（真偽）に関わる、つまり、それ以外にありえないものと、それ以外の仕方でもありえるものとに分ける。後者とは、「実践, πρᾶξις, Praxis, プラクシス」と「制作, ποίησις, poiesis, ポイエーシス」を行うための知であり、それぞれ、「実践知, φρόνησις, phronesis, プロネーシス」と「技術, τεχνη, techne, テクネー」がそれである。テオリアに対応するのは前者であり、これも「学知, ἐπιστήμη, epistēmē, エピステーメー」、「智慧, σοφία, sophía, ソフィア」、「直知, νους, nous, ヌース」と分けて論じられるが、それらの関係、また、スコレー／レジャーとの結びつきについては、その解釈に議論がありえる。

第一の知としても語られるソフィアをそれに充て考えるというのが、基本の立場とみられるが、神聖な知と語られるヌースこそが、スコレー／レジャーの時間にふさわしいとも考えられる。

8. 知的活動と共同体：レジャーと共同体、アリストテレスとセネカの倫理

以上のように、レジャーを観想という知的態度と結びつけて考えると、それは一人ひとりの個人のうちに閉じた、いわば孤高に過ごす時間とみなされるであろうが、アリストテレスが追求する「幸福 εὐδαιμονία, eudaimonia」は、「よく生き行為している」という意味を内包する概念であって、むしろ社会的実践に繋がっているのである。その意味では、スコレー／レジャーの時間を過ごすことが、実践知 phronesis とも結びつくことになる。つまり、倫理や政治哲学へと展開するものである。

そのことは、ローマの哲学者であるセネカに引き継がれた。自由な時間を表すラテン語の otium オーティウムがそれである。セネカは otium を真に自由な人間の特徴として賛美した。強制された活動よりも自由な活動に意義を見いだすことに、貴族・高貴な人間の本性を見て、その逆にあたる労働に奴隷的な性格を見るのである。

そして、セネカとアリストテレスが論じる高貴な人間／自由人が、自らの自由において自らに課す活動として行おうとするのは、個人的な快楽に向かうことではなくて、社会をよりよくしようとする政治的なことなのである。

アリストテレスは、スコレーの活動を最善の人々が行う最も美しい行為であり、徳の現実活動であるとしているが、一方で若者がそのような段階に至れるように教育される必要も論じている。その際に、彼が音楽を核心的なものとして挙げていることが着目される。それはもちろん娯楽や気晴らしのためのものではなく、単なる感情の表出でもない。むしろ感情を社会的に制御し、社会の結束という倫理的なものへと方向づけるものである。

アリストテレスが提起する徳の教育としての音楽については、十分に論じられているものとは言えないが、今日のレジャー産業との関係からしても再考すべきことのひとつだろう。

9. 人間の活動の中心にあること：労働とレジャーの主従関係

　ラテン語の otium の否定／反対語は negotium (nec-otium) であり、その意味する
ところが仕事であり、また苦難や苦痛である。それはギリシア語の skholè に対する
askholia が仕事や多忙を意味することと同じである。

　今日レジャーを考えるうえで、この言葉／概念の意味構造はとても重要である。

　我々は、レジャーを余暇というが、その意味することは何だろうか。まず仕事ややる
べきことがあり、その必要がなくなっている状態が「暇」として捉えられてはいな
いだろうか。つまり、積極的な意味は仕事であり、やるべきことの方にあるとみなす
のであれば、それがない時というのは、すなわち、それ自体において意味的には空虚
な時間ということになってしまう。

　先に見たギリシアやローマの、アリストテレスのスコレーやセネカのオーティウム
は、ポリス社会の自由人や貴族の倫理とも結びついていた。つまり、自由な時間の使
い方が、それを享受する人の社会的位置づけや責任（徳）とも関係し合っていたので
ある。一方、現代人一般にとっての自由な時間とは、社会制度としての休日の設定な
ど、労働をはじめとしたやるべきことから「許された」時間である。それがあくまで
もやるべきことが「ないこと」（否定形）として捉えられるのなら、その空虚をどの
ようにして埋めるのか、ということがあらためて問題になる。

　実は今日語られているレジャーに関わる多くのことが、この構造に基づいている。

　制度的に生まれた休日をどう過ごすのか、ということが国民的な問題になるのは、
一般に労働が企業・組織への就労となり、その組織的な労働体制が搾取的になりすぎ
ないようにとの制度的な規制が一般化してから、つまり 19 世紀の工業化社会の成立
以降のことである。

　生物的な人類種の歴史の上で、自然および社会的な環境の制約の中を生き延びるた
めに、人は労働という辛苦を耐えなければならなかった。それは、ギリシア神話や旧
約聖書の物語が、象徴的に描き出しているものでもある。一方、その努力の営為が、
個人や家族、小集団を主体としてなされるものではなくて、企業という組織の、そし
て、資本と市場という社会システムの一員となることによってなされるようになった
のが、工業化社会以降の人間社会の現実である。その中で制度的に生まれた休日・閑
暇は、古代社会のスコレー／レジャーの生まれた意味構造とは異なるものであって、
歴史的にその意義を継承としているとはいいがたいものともいえる。

　今日、レジャーという言葉の意味内容として捉えられているのは、それらの大半
が、リクリエーション（再生産のための休養）、エンターテインメント（娯楽）、ス
ポーツ（健康のための運動、および気晴らし）といった、他の言葉・概念を充てる方
がより適切であるものだろう。

　アリストテレスもまた、閑暇の過ごし方として、そのようなことの効用・必要につ
いても論じている。スコレーとは、それらを踏まえたうえで、何かのためではない、
それ自体において目的をもつ行為を行う時間なのである。

　現代社会におけるレジャーの意義を、スコレーの概念をあてはめて考えてみようと

するのは、歴史や伝統への見方からではなく、むしろ人間性への洞察からのものである。

それは、アリストテレスを現代に直接つなげようというよりも、アリストテレスの哲学をキリスト教の理論的解釈を介して、人間性や世界観についての考察を進めようとした西洋の中世から現代までの歩みである。

10. レジャーと自由学芸、祝祭：トマス・アクィナスとヨゼフ・ピーパーにおけるレジャー

トマス・アクィナス（1225 頃 -1274）は、アリストテレスの哲学を研究することを通じて、キリスト教神学の体系化をなした、西洋中世のスコラ学を代表する神学者である。

中世の教会・修道院は、学問を担う社会の中心でもあって、そこから、農工業や建築などの役に立つ知識や技術も社会に広められていったのであるが、スコラ哲学者は、そのような実益を目的として行う学芸は「奴隷的」であり、知の追求それ自体を目的としている取り組み・学の領域こそが「自由学芸（リベラル・アーツ）」であると考えたのである。

現代のドイツ人でカトリックの哲学者であるヨゼフ・ピーパー（Josef Pieper, 1904 -1997）は、アクィナスらによるスコラ哲学を研究する過程から、この自由な知の活動こそがレジャーであり、また、それが人間と文化の基礎をなすものであるという主張をなすに至った（Leisure, the Basis of Culture, 1948, 英訳 1952, 和訳『余暇と祝祭』）。

彼の主張は、人間として大事にしなければいけないことを疎かにしていることが「怠惰」であり、労働そのものが目的化しているような労働はむしろ「怠惰」であるというものである。そこから、制約を離れたレジャーの時間をもち、人間として最も大切なことに全力をもって向かおうとする、観想を行うことの必要を説く。

アクィナス－ピーパーの主張は、もちろん、カトリック信仰を離れてはないのだが、その導きをたどって、アリストテレスや神話の世界まで立ち戻り、また、その神話が古代ギリシアやユダヤ・キリスト教世界に限らず、日本を含む世界様々な神話・世界観・人間観とも文化構造的に比較できることを踏まえ、あらためて人間存在と社会について本質から考え直そうとするところに、現代のレジャーの問題があるといえるだろう。

11. 人間の基本的な権利として：レジャーの権利

英語の leisure には、17 世紀の後半から、「働いていない」ということに加えて、「娯楽」の意味を含む用例が現れる。そして、このような時間が労働者にとって必要であるということが広く認められる。その機会となったのが、1924 年の ILO 勧告（余暇利用勧告）である（The International Labor Conference, Geneva, in 1924, 1924年ジュネーブ国際労働会議）。

労働者に、睡眠や休息とは別に、自分の好きなことをする充分な時間（身体上、知

能上および道徳上の能力をその各自の嗜好に従い自由に発達せしむる機会）が、すなわち、レジャーが必要であることが、労働時間に関することとともに、余暇利用施設の発達に関する勧告として発せられた。

そこに示された認識は、「余暇の良好なる使用が、多様な趣味を追求する手段を労働者に与え、平常の仕事からもたらされる過労を緩和し、もって生産能力の増大と生産高の増大のもたらす」という、労働とその成果に中軸を置いたものとはいえるが、その後の、1948年に第3回国際連合総会で採択された、「すべての人民とすべての国が達成すべき基本的人権についての世界人権宣言」（Universal Declaration of Human Rights）へと至るまでの世界の過程を見ると、画期的なものであったと言えるだろう。

問題とすべきは、レジャーが人間の本質に関わることとして、実際に人々の知的活動の発展に結びついたかということである。

人間性の本質や、幸福についての十分な探求姿勢を育成することなくしては、自由な時間の活用方法が身につかないままであり、結果的に、娯楽を与える商品・サービス提供としてのレジャー産業が、自由時間を徹底的に消費させる状況が生まれてしまうのである。

12. 現代特有の課題：レジャーとケインズの予測

一般の人々にとって、レジャーの時間を活かすための技術を習得することが、社会的な課題となると述べた人物の一人が、20世紀を代表する経済学者であるとされるイギリスの経済学者ジョン・メイナード・ケインズである（Economic Possibilities for our Grandchildren, 1930,『孫たちの経済的可能性』）。

彼は、第一次大戦後の世界恐慌のさなかに、現在はひどい状況だが、長期的に見れば、経済は今後も急速な成長を続け、世界が豊かになるのは間違いがないと経済予測する。そして、来るべき、人類が経済問題を基本的に解決することになったときには、何が人間の問題になるかと問う。勤勉がよいことであるという倫理は否定され、そのような意識にかられる人は精神を病んでいるとみられるようになる。本当の生き方をわきまえること、余暇を十分に使えるようになることが、人間の課題となる。そう述べたのである。

彼が100年後には到達するであろうと予測した、その分岐点となる経済規模を、現実の世界経済の成長は先んじて実現してしまったのだが、社会の実態は、彼の予想したようになったのかが問い直される。

物資があふれる時代の実現は、神話の黄金時代の再来ともいえるが、現実の様相はそうとは言えないようである。

ケインズの予測と異なるのは、レジャーが主要な産業領域のひとつであり、かつ、経済成長を支える基本的な手段ともなっていることにあるのではないだろうか。

レクリエーション、娯楽、スポーツ、旅行など、レジャー産業は他の産業セクターにまたがって展開され、さらに従来の各産業が生み出す製品・サービスに新たな価値

を付加し、より高度なものとすることに貢献しているのである。それは、情報産業が単独の産業セクターであるだけでなく、各産業の高度化という点で複合的に関係していることと重なっている。

そして、レジャー活動の中心にある目的が「楽しみ」であり、また、その理念上の頂点にある知的活動が「意味の探求」であることが、社会の脱工業化、知識社会化を迎えて、むしろマーケティングの手段として認められるようになったことがある。人間にとっての意味や象徴についての知識、そして、記号を操作する技術は、文芸の領域よりは、むしろ産業の発達に不可欠ものとして、仕事の側に回収されてしまったのである。

AI、IoT など、人間を取り巻く生活の環境そのものの中に、人間の意識とは別の自律的なもの（新たな偽主体）を埋め込んでゆくことが、急速に進んでいる。このような状況の中で、人間性の本質を問うレジャーの活動は一層重要な意味をもち、産業との関係も、新たでより複雑なものとして再構築することが求められるだろう。

その一方で、市場経済の拡大をこれ以上続けることを困難にする、新たな課題も明らかである。資源枯渇や気候変動などの地球環境問題、国際的・国内的な社会格差の深刻化と紛争の危機、極端に拡大した債務による金融・財政危機などである。これらは、地球、人類、文明といったマクロなスケールにおける危機状態であり、これまでの人間活動の基礎原理についての見直しの必要を迫っている。

今日のレジャー活動は、経済活動と融合し、経済成長の主要なエンジンの一つとなっている。その意味では、危機を増大し加速させる要因となっているともいえる。

しかし、レジャーという概念は、産業に取り込まれるのではなく、それとは逆に産業社会の本質にある問題点を人々の意識のうちに顕在化させ、危機状況の緩和や問題解決を図ろうとする意味を、その始原おいてもっていたのではないか。産業社会の現実に対して、人間性の本質についての根源的な問いを投げかけるという、レジャーの本来の意味に立ち返るべきであろう。危機を迎えている現代社会に対して、その問題構造を明らかにし、新たな社会づくりを志向することが、レジャーの現代的意義であると考えられる。

13. どちらかではない：排中律を超えるレジャーの論理

さて、ここで、アリストテレスとそのスコレー論の後継者たちにおける、スコレー／レジャーと労働との関係について、あらためて考えておきたい。

スコレー論における「スコレーがない時が仕事（忙事）である」とすることと、一般的な理解である「仕事がない時が暇である」とするのは、ちょうど逆の関係となっているのである。

それぞれの二項関係は、一方が中心であり、他方はそれがない状態、つまり、意味がある活動と意味が失われた状態である。

現代社会は、仕事に意義・目的を過度なまでに置いているので、仕事がない状態は意味も空虚で、結果的にそこにレジャー産業が提供する娯楽や気晴らしが詰め込ま

れ、暇は意味無き充実に膨れ上がってしまっている。

　スコレー／レジャーの本質を問うことの現代的な意味は、この構造をちょうど鏡面のようにひっくり返してしまうことにあるのだろうか。

　例えば、宗教における福音の教えや考え方のように、現世的なことに自分の人生を費やすのではなく、地上のことを離れ、いかにして本質を知るかということに向かう生き方を選ぼうと薦めるものなのだろうか。

　それは、修道者のような生き方を別にして、その言葉の通りに生きようとすれば、その人生は不都合の連続となることだろう。現世的、日常的なことは、生活を生きるという意味では実際的なことだからである。

　アリストテレスは、今日に至る形式論理学の体系的な創始者であり、その原則のひとつが排中律である。これは、任意の命題Ｐに対し、「Ｐであるか、またはＰでないか」の、どちらかだけが成り立つというものである。「排中 excluded middle」というのは、どちらかの間（中間、どちらでもある）の状態を認めない（排除する）ことを意味している。

　しかし、スコレー／レジャーの問題が現世否定や脱俗ではなく、現実の社会のありように応えてゆこうとするものである限りにおいて、どちらに中心があるか、という二極対立的なモデルの立て方は、問題の裏返しでしかない。

　むしろ、アリストテレス自身が、スコレーの時間が哲学の時間であるとともに、政治的行為のためにも必要であると論じているように、テオリアのためのソフィア（観想のための知恵）であり、かつプラクシスのためのプロネーシス（実践のための実践知）でもあるように、スコレー／レジャーの論理は関係的なものとして探求されなければならないだろう。

（犬塚潤一郎）

トピックス２

スマホ世代の子どもとレクリエーション

はじめに

　マスメディアの中心を担うテレビやテレビゲーム、高度情報化社会といわれる現代に、急激に普及してきたインターネット、そして、最重要メディアとなった携帯電話・スマートフォン等により、現代の子どもたちの置かれている情報環境は、驚くほど高度化・複雑化してきている。そして、メディア接触が長時間化するとともに、過剰なメディア接触が子どもたちに及ぼすネガティブな影響について危惧されるようになってきた。

　子どもの環境が大きく変化してきたのは、テレビ・ビデオに加えて、最近では、携帯電話の普及、とりわけ、ここ10年足らずの間に登場したスマートフォンは、子どもたちの生活環境を、大きく変化させている。かつては、表情が乏しい、発語が遅れる等のサイレントベイビーの問題もあって、「テレビやビデオに子守をさせないようにしましょう。」「見せる場合も、時間や見る番組を決めてみましょう。見終わったら、スィッチを切りましょう。」等と保護者に伝えてきたものであったが、スマホとなると、いつでもどこでも、時間も場所も選ばず、子どもも手にすることができる。

　メディアの普及により、生活に潤いがもたらされている反面、架空の現実を提示するテレビやテレビゲームは、子どもたちの現実感を麻痺させ、インターネットはいじめや少年犯罪の温床にもなっているという報道もよく耳にする。また、過剰なメディア接触は、体力低下やコミュニケーション能力の低下を招く等、発達の過程にある子どもたちの成長を脅かすことにもなっているようである。

1. 今、心配していること

　朝の始業前に、中学２年生に健康調査をしてみた。すると、中学生の一番多い、朝の訴えは、「眠い」と「あくびが出る」がともに63.6％ずつで、第１位であった。そして、「横になりたい」、「全身がだるい」と続いた。

　「ねむい」、「あくびが出る」は、睡眠不足から発現する症状である。血液循環も悪く、脳も、朝から目覚めず、すっきりしていないのだろう。10人いると、そのうち、７人程度はボーっとしているということである。これでは、学力を高めることはできない。

　つづいて、いい若い者が、朝から「横になりたい」、「全身がだるい」を訴えるのである。つまり、体力レベルの低さが心配される。あるいは、昨日の活動の負荷が強すぎて、一晩の睡眠では、回復できていないのだろう。

　次に、夜の街に目を向けると、キッズカラオケ無料とか、キッズスペース付き個室完備という看板が目につく。夜の街が、親子を招いている。また、バギー車に、子どもたちが乗って、いろいろな所に運ばれている。夜型化した上に、体力低下や忍耐力

の弱さが心配される。今では、子どもだけでなく、動物までも、バギー車に乗せられて、また、服を着せられて、運ばれる散歩をしている。これでは、犬も、運動不足や自律神経失調症になるだろう。沖縄の犬も、暑いのに、服を着せられている。体温調節のできるからだにはなっていかない。よく見てみると、飼い主は、犬を見ていない。スマホを見ている。犬とのコミュニケーション不足も懸念される。

　中国に行ったときのこと。夜の広場で、電車を走らせる店が出ていた。電車に乗せられている子どもの表情は、とても暗い。保護者を見ると、親は、子どもを見ていない。みんな、スマホを見ている。体操教室の見学にも行ってきた。体操をしている子どもの様子より、保護者は、スマホを見ている。コミュニケーションが育まれるわけがない。スマホ問題は、もはや、子どもの問題ではなく、親の問題と考えるべきであろう。

2. 今日の子どもの問題を探る

　子どもたちの生活時間相互の関連性をみてみよう。今日の夜型化した生活は、いったい、どこから始まるのだろうか？　何が原因になって、遅寝になっているのだろうか？　わかったことは、幼児の場合、「長時間のテレビ視聴」と「午後の外あそび時間の短さ」「夕食開始時刻の遅れ」の３つであった。

1）　テレビ・ビデオ、スマホ等のメディア機器との付き合い

　生活習慣調査で、放課後、家に帰ってからのあそびについて尋ねた結果を見てみよう。子どもたちは、いったい、何をして遊んでいるのだろうか？

　ここ10年間、変化していない日本の子どもたちのあそびの第１位をお知らせする。幼稚園５歳児は、男児がテレビ・ビデオ、女児はお絵かき、小学校１年になると、男女ともテレビ・ビデオ、女子は、その後、小学生の間、テレビ・ビデオがずっと１位として続く。男子は、小学校３年生から、テレビゲームが第１位となって、そのまま、中学校期も、テレビゲームが第１位として継続していく。

　テレビ・ビデオ視聴やテレビゲームは、家の中で行うからだを動かさない対物的な活動である。午後３〜５時は、せっかく体温が高まっているのに、からだを十分に使って遊び込んでいないだけでなく、対人的なかかわりからの学びの機会も逸している。つまり、小学校から帰っても、幼稚園から帰っても、個別に活動し、人とのつながりを十分にもたないで育っていく子どもたちが、日本では、だんだん増えているのだ。

　子どもとメディア環境への対応として、社会では、テレビやビデオ、テレビゲーム等にふれない日を作ろうという「ノーテレビデー」、「ノーテレビチャレンジ」、一定期間、すべての電子映像との接触を断ち、他の何かにチャレンジしようという「アウトメディア」等の活動を通して、子どもの過剰なメディア接触を断とうとする呼びかけもなされている。

　しかし、子どもをメディアから遠ざけようと、いろいろな提案をされても、根本的な解決にはつながっていかない気がする。なぜかと言うと、子どもたちは正直だから、好きなもの、おもしろいものに向かっていくのだ。いくら運動や戸外あそびは、

健康によくて体力づくりにもつながっていくので、行った方がよいと言われても、お
もしろくなければしないのである。心が動かなければ、したくないのだ。実際、健康
に良く、奨励したいあそびや運動の魅力が、今の子どもたちには伝えきれていないの
かもしれない。大人の方が作戦を変更すべきであろう。子どもたちに、運動や戸外あ
そびを通して、心が動く感動体験をもたせていないことを心配する。これでは、いつ
までたっても、テレビ・ビデオの魅力には勝てない。

　確かに、テレビやビデオを近くから見ていると、視力が悪くなる。「少し離れて見
ようよ」という指導が必要である。ずっと、ながらで見せていると、メリハリやけじ
めがなくなる。だから、「見る番組を決めてみよう」「見終わったら、スイッチを切ろ
うね」等の家庭内のルールづくりも必要である。テレビゲームに夢中になっている
と、姿勢が悪くなり、脊柱側弯をはじめとする悪い姿勢が身につく。「ちょっと休憩
しようよ」「背筋を伸ばしてごらん」「体操をしよう」という大人からの言葉かけや体
操の導入も必要である。要は、教育や大人からの気配りが必要と考えている。

　でも、一つ厄介な問題がある。それは、日ごろから、外あそびよりも、テレビ・ビ
デオ、スマートフォン等のメディア機器の利用が多くなっていくと、活動場所の奥行
きや人との距離感を認知する力が未熟となり、空間認知能力が育っていかない。だか
ら、人とぶつかることが多くなるのだ。ぶつかって転びそうになっても、日ごろから
運動不足で、あごを引けず、保護動作が出ずに顔面から転んでしまう。やはり、実際
の空間の中でのからだ動かしや運動が必要である。このままでは、日本の子どもたち
の体力は高まらないし、空間の認知能力が育たないし、ぶつかってのケガや事故が多
くなる。

　空間認知能力とは、自分のからだと自己を取り巻く空間について知り、からだと方
向、位置関係（上下・左右・前後・高低など）を理解する能力である。空間認知能力
を高める運動は、ケンパや島渡り（前後、左右）、梯子またぎ（高低、浅さ・深さ）、
トンネルくぐり（上下、左右、前後）、固定遊具あそび（上下・左右・前後・高低な
ど）、ボールあそび等がある。

　また、スクリーン（平面画面）や一点を凝視するため、活動環境の奥行や位置関係、
距離感を認知する力が未熟で、空間認知能力や安全能力が思うように育っていかなく
なった（スクリーン世代と、私は呼ぶ）。一方で、「運動をさせている」と言っても、
幼いうちから一つのスポーツに特化して、多様な動きを経験させていないため、基本
となる４つの運動スキルがバランスよく身についていない子どもたち（動きの偏り世
代）の存在が懸念される。

　子どもたちの余暇時間の費やし方をみると、テレビ・ビデオ、スマートフォン、ゲー
ム機器を利用した静的なあそびが多くなって、心臓や肺臓、全身が強化されずに体力
低下を引き起こしている（静的あそび世代）。

　テレビやビデオ、テレビゲーム、携帯電話・スマートフォン等の機器の利用に、生
活の中で多くの時間を費やし、生活リズムを乱している子どもたちが増えてきた実態
より、子どもたちに対し、幼児期から、それらを有効に、かつ、健康的に利用してい

く仕方を指導していくとともに、家庭での利用上のルールを定める必要性も感じている。

①テレビに子どものお守りをさせない。

②なんとなく、テレビをつける生活をやめる。テレビがついていない時間、人と関わる時間を増やす。

③見る番組を決めてみて、見終わったら、スイッチを切る。

④食事中は、努めてテレビを消す。

⑤起床時や帰宅時には、テレビがついていないようにする。

⑤外のあそびに誘う。

⑥暴力番組や光や音の刺激の強いものは避け、内容を選ぶ。

便利な世の中になってきたので、便利さにのめり込まず、不便なことの中にも健康で楽しいものがいっぱいあることも、忘れないでいただきたい。成長期には、メディアよりも、もっともっと楽しいことがある、人と関わる活動、実際の空間を使った健康・体力づくりに寄与する「からだ動かし」や「運動あそび」のすばらしさを、子どもたちに知らせて、感動体験をもたせていくことが、今、私たち大人に求められる役割なのではないか。

2）日中の運度奨励

「今、子どもたちは、動いているか？」近年の子どもたちのあそびや運動量の実態と課題について考えてみると、子どもたちの生活の中で、運動量が激減してきていることが気になっている。例えば、保育園の5歳児の歩数だが、午前9時から午後4時までの間に、昭和60〜62年はだいたい1万2千歩ぐらいは動いていたが、平成3年〜5年になると、7千〜8千歩に減ってきた。そして、平成10年〜今日まででは、だいたい5千歩台に突入し、昭和時代の半分ほどの運動量に激減してきた。睡眠不足で動けない、朝ごはんをしっかり食べていないので動けない、朝、家で、排便を済ませていないので、しっかり動けないのである。それに、登降園も車利用が多くなってきたので、子どもの生活全体の歩数が減ってきて、必要な運動量が不足している。

子どもたちの活動の様子を見ると、丸太渡りや平均台歩行時に足の指が浮いて自分のからだのバランスを保てず、落ちてしまう子どもが観察された。生活の中でしっかり歩いていれば、考えられないことである。走っても、膝をしっかり上げることができないので、つま先を地面にこすって引っかけてしまうのである。しかも、しっかり手が振れなくなっている。

（1）幼少年期の運動のあり方

歩くことは「運動の基本」、走ることは「運動の主役」である点をおさえ、もっと歩く・走る経験をしっかりもたせたいと考えている。そして、生活の中で、支える、這う、逆さになる、転がる、まわるといった動きが少なくなってきているので、幼児期から努めて支持感覚や逆さ感覚、回転感覚を育てていきたいものである。

（2）年齢に応じた運動のポイント

運動は、体力づくりだけでなく、基礎代謝の向上や体温調節、あるいは脳・神経系

の働き等、子どもたちが健康を保ち、成長していく上で、重要な役割を担っている。幼児、小学生、中学生へと進む中で、発育・発達上、それぞれの年代の特徴に応じた運動刺激のポイントがあるので、年代別に少し説明しておく。

　幼児期は、脳や神経系の発育が旺盛であるから、そういうところに刺激を与えるような運動をさせてあげることが大切である。例えば、バランス感覚を養うためには平均台や丸太を渡ったり、片足立ちが効果的であるし、敏捷性をつけるには、すばやい動きで逃げたりする追いかけっこや鬼ごっこ等のあそびが効果的である。それから、巧緻性（器用さ）や空間認知能力をつけるには、ジャングルジムやトンネルを上手にくぐり抜けるあそびが良い。とにかく、子どもをしっかり持ち上げられる幼児期に、わが子と関わってしっかり親子体操をするのが一番理にかなっている。

　そして、子どもが幼児期の後半に入って体力がついてくると、朝に遊んだ分の疲れは、昼に給食を食べたらもう回復する。だから、午後にもう一度、あそびをしっかりさせて、夜に心地よく疲れて眠れるようなからだをつくることが必要である。このように、夜につなぐような運動が重要になる年代である。

　小学校の低学年になると、身のこなしが上手になってくるので、ドッジボールはとても良い運動である。運動する機会をしっかりもたせて、からだづくりや体力づくりに励んでほしい年代である。

　高学年になったら、だんだん技に磨きがかかる年代であるから、ボールをうまくコントロールして投げたり、取ったりして、ゲーム的な運動ができるようになっていく。

　中学生になると、内臓諸器官を含めて、からだがしっかりできてくるので、持久的な活動ができるようになる。よって、日中、ちょっと長い時間、運動することで、より強い筋力をつけ、体力を向上させていける時期と言える。

　それから、すべての年齢レベルで、それぞれの能力や体力に応じて、家の手伝い（荷物を持ったり、清掃をしたり、野菜を運んだり、配膳を手伝ったり等）をして、生活の中でもからだを動かす内容を努めて取り入れていくとよい。手伝いは、結構よい運動刺激になる。

（3）体力を向上させるポイント

　体力を増強させて健康を維持し、元気に活動するのに役立つのは、食事（栄養）と睡眠（休養）のほか、運動である。運動やスポーツで、身体を適度に使うことが大切なのだ。要は、栄養・休養・運動の基本的生活習慣づくりである。そして、軽い運動をすると、気分転換・疲労回復・家庭生活に寄与してくれるレクリエーション効果が得られる。体力を高めようとすると、運動負荷を高め、疲労感を得られるようにすることが大切である。そこで得られる効果を、トレーニング効果と言う。でも、その疲労感は、一晩の睡眠で回復することが大切である。それよりも強度な運動負荷になると、子どもたちは過労になり、オーバートレーニングになっていきます。これはやりすぎということです。やがて、病気になっていくことが懸念される。

　要は、一日の流れの中で、親ができることは、子どもが帰ってきて、寝て、起きて家を出るまでの「早寝・早起きの習慣づくり」である。でも、ただ「寝なさい、寝な

さい」って言っても、なかなか寝てくれない。それは、寝られるからだをつくっていないからである。夜、早く寝られるからだをつくるには、日中、太陽の出ている時間帯にしっかりからだと心を動かして心地良く疲れさせることが必要である。

（4）幼少年期の生活リズム

　いつ、運動したらよいかについて、考えてみよう。太陽の出ているときがよい。中でも、とくに、体温の高まりがピークになる午後3時頃から、戸外で積極的にからだを動かせば、健康な生体リズムを維持できる。低年齢で、体力が弱い場合には、午前中にからだを動かすだけでも、夜、早めに眠れるようになるが、体力がついてくる4歳、5歳以降は、朝の運動だけでは足りない。体温の高まるピーク時の運動を、ぜひ大切に考えて取り入れてもらいたい。午後4時前後の放課後の時間帯は、最も動きやすい時間帯（子どものあそびのゴールデンタイム）なのだ。

（5）　体温のリズム

　乳幼児期には、体温調節機能が未発達のために、外部環境の影響を受けて、体温は変動する。一般に、生後3日間ぐらいは、比較的高温の時期が見られ、漸次下降して、100日を過ぎると、およそ37℃から、それ以下となり、120日ぐらいで安定する。そして、2歳頃より、生理的な日内変動が見られてくる。個人差はあるが、3歳頃になると、多くの子どもは体温調節がうまくなって、その後、集団での諸活動に入りやすくなる。

　さて、体温は、生体リズムにしたがって、1日のうちに、0.6 ～ 1.0℃の変動を示す。日常生活では、一般に午前2時～4時の夜中に最も低く、昼の午後3時～5時頃の午後に最高となる一定のサイクル（概日リズム）がある。このような日内変動は、ヒトが長い年月をかけて獲得した生体リズムの1つである。したがって、午後3時～午後5時頃は、最も動きやすい時間帯なのである。

　ところで、生活が遅寝・遅起きで夜型化している子どもの体温リズムは、普通の体温リズムから数時間後ろへずれ込んでいる。朝は、本来なら眠っているときの体温で起こされて活動を開始しなければならないため、からだが目覚めず、体温は低く、動きは鈍くなっているのだ。逆に、夜になっても、体温が高いため、なかなか寝つけないという悪循環になっている。このズレた体温リズムを、もとにもどす有効な方法を2つ紹介すると、「朝、太陽の陽光を浴びる」ことと、「日中に運動をする」ことである。

　朝、起きて体温が低いということは、からだが起きている状態ではないということ、脳も覚醒していない状態で活動をしなければならないということである。したがって、いろいろな活動をしても、無気力でやる気が出ず、実際に覚えきれなかったり、やりきれなかったりするわけだ。ウォーミングアップができていないということである。あわせて、運動が足りないと、体温は適切にコントロールされず、夜の眠りも浅くなる。就寝が遅く、短時間睡眠で、夜型の乱れた生活リズムをくり返して運動もしないでいると、幼児でもストレスがたまり、様々な身体的不調を訴え、頭痛、胃痛、下痢、不眠、発汗異常、便秘が生じてくる。現在、大人の夜型生活に引き込まれ、

朝からだるさや疲れ、頭痛、腹痛を訴える子どもは増えてきている。

　人間は、「長い歴史の中で、昼に活動し、夜眠るという生活リズム」を形成し、自律神経においても、日中は交感神経がやや優位に緊張し、夜眠るときは副交感神経が緊張するというリズムをもっている。しかし、子どもの生活習慣とそのリズムが悪くなってくると、この自律神経の本来の働き方を無視することになる。自律神経は、内臓や血管、腺などに分布して、生命維持に必要な呼吸、循環、消化吸収、排泄などの機能を無意識のうちに自動調節してくれているのだが、生活のリズムが悪いと、反射的に行われているこれらの調節ができなくなる。

　また、ヒトが夜に眠り、朝に起きて活動を行うためには、ホルモンの働きがしっかりしていなければならない。夜中には、眠るための松果体ホルモン（メラトニン）が出され、朝には活動に備え、元気や意欲を引き出すホルモン（コルチゾールやβ－エンドルフィン等）が分泌されなければ、眠ることや元気に活動することはできない。これらのホルモンの分泌時間のリズムや量が乱れると、脳の温度の調節もできず、時差ぼけと同じような症状を訴え、何をするにしても全く意欲がわかなくなる。健康な状態では、睡眠を促すメラトニンの分泌が、午前０時頃にピークとなり、脳内温度（深部体温）が低下する。だから、神経細胞の休養が得られ、私たちは、良好な睡眠がとれるということである。

　しかし、睡眠と覚醒のリズムが乱れ、生体のリズムが崩れると、ホルモンの働きが悪くなり、眠るためのメラトニンや、元気や意欲を引き出すコルチゾールやβ－エンドルフィンの分泌の時間帯が乱れて、体温調節ができなくなる。結果的に、夜間は脳の温度が下がらず、神経細胞の休養が不十分となり、睡眠時間は長くなっていく。したがって、朝起きられなかったり、いくら長く寝てもすっきりしなかったりするのである。当然、朝、起きることができないから、午後になって、やっとコルチゾールやβ－エンドルフィンが分泌されると、少し元気が出てくるというわけである。もちろん、能力としては極端に低下しているので、結果的には、疲れやすさや持久力低下、疲労感の訴えの高まり、集中力低下、ぼんやり、いらいら、無気力、不安、うつ状態、また、近年は、幼児期からいろいろな種類のお稽古ごとが増え、脳が処理すべき情報量の増加とそれに反比例した睡眠時間の減少（睡眠不足）が、子どもたちの持続的な緊張状態をつくり上げている。これでは、幼児に、副交感神経の著明な機能不全が起こっても仕方がない。脳のオーバーヒートとでも言おうか、日常生活をリズミカルに営む生体リズムを支える脳機能にマイナスの変化を生じ、時差ぼけのような症状が発現するのだ。この状態が、さらに慢性化し、重症化すれば、睡眠は浅くなって疲労回復もできず、能力は極端に低下する。そして、将来、小学校・中学校・高校へと進む過程の中で、勉強に全く集中できず、何も頭に入らなくなり、日常生活も困難となって、家に閉じこもるようになっていく。

　したがって、わが国の今日の重大な問題は、子どもたちの生体リズムの混乱に伴う生命力の低下なのである。生体のリズムの乱れを背景にして、自律神経機能の低下や障害、エネルギー代謝異常などが複雑に絡んで、子どもたちを活気のない状況に追い

やっている。だからこそ、子どもたちの心とからだ、中でも、脳や自律神経機能を生き生きした状態にするため、子どもたちの健康生活にとって大切なことを再考していかねばならないのである。

（6）脳や自律神経を鍛える方法

　子どもたちの脳や自律神経がしっかり働くようにするためには、まずは、子どものとっての基本的な生活習慣（睡眠・食事・運動の習慣）を、大人たちが大切にしていくことが基本である。

　中でも、自律神経の働きを、より高めていくためには、

①室内から戸外に出て、いろいろな環境温度に対する適応力や対応力をつけさせること、

②安全なあそび場で、必死に動いたり、対応したりする運動あそびをしっかり経験させること、つまり、安全ながらも架空の緊急事態の中で、必死感のある経験をさせること。具体的な運動例をあげるならば、鬼ごっこや転がしドッジボール等の必死に行う集団あそびが有効であろう。

③運動（筋肉活動）を通して、血液循環が良くなって産熱をしたり（体温を上げる）、汗をかいて放熱したり（体温を下げる）して、体温調節機能を活性化させる取り組みが必要である。

（7）基本運動スキル

　基本運動スキルには、4つの運動スキルがあります。一つは、跳んだり、滑ったりして移動するタイプの運動スキル（移動系運動スキル）である。二つ目は、丸太渡りや平均台渡りのようにバランスをとる運動スキル（平衡系運動スキル）である。三つ目は、物を操作する運動スキル（操作系運動スキル）。四つ目は、鉄棒や雲梯にぶら下がって思いきり頑張るといった、からだを移動せずに行う運動スキル（非移動系運動スキル）であり、それら移動、平衡、操作、非移動の4つのタイプのスキル学習のできる運動やあそび環境を意識した運動刺激が、今日の子どもたちの運動能力の向上には必要なのである。それらを準備した運動環境で、バランスのとれた運動スキルを、遊ぶ中で自然に身につけて、運動能力を高めていくことを可能にしていく。

（8）今日の運動指導のあり方を考える：「テレビ・ビデオ・ゲーム」に負けない「運動あそび」の楽しさとその感動体験を味わわせよう

　幼少年期より、人と関わる運動の楽しさを、子どもたちに味わわせていかねばならない。ただ、形だけ多様な運動経験をもたせる指導ではダメである。指導の一コマの思い出が、子どもたちの心の中に残る感動体験となるように、指導上の工夫と努力を重ねる必要がある。子どもたちから、「ああ、おもしろかった。もっとしたい」「明日も、また、してほしい」と、感動した反応が戻ってくる指導を心がけたいものである。動きを通して、子どもの心を動かす指導の必要性を痛切に感じている。

　動きを通して、子どもの心を動かすあそびや運動指導が必要なのである。要は、「運動、心動、感動」である。

3) 夕食を早める知恵

「外あそび時間が短かったり、テレビ視聴時間が長かったり、夕食開始時刻が遅かったりすると、就寝時刻が遅くなる。そして、就寝時刻が遅くなると、起床時刻が遅くなり、朝食開始時刻も遅れる。さらに、登園時刻も遅くなるという、生活リズム上の悪い連鎖を確認した。

　要は、外あそびを奨励することと、テレビ視聴時間を短縮することの他に、調理時間の短縮や買い物の効率化などを工夫し、夕食の遅れを少しでも早めることが、子どもたちの生活リズム整調の突破口と考えられる。とくに、夕食開始時刻の遅れは、就寝時刻の遅れの強い誘引となり、結果的に起床時刻や朝食の開始が遅れる。是非とも、夕食を早める工夫が望まれるところである。

3. 生活リズム問題改善策

　一日の始まりには、からだをウォーミングアップさせてから、子どもを園や学校に送り出したいものである。早寝・早起きでリズムをつくって、起床とともに体温をだんだん上げていく。朝ごはんを食べて体温を上げて、徒歩通園とか、早めに園や学校に行ってからだを動かして体温を上げる。こうして、ウォーミングアップができた状態（36.5℃）であれば、スムーズに保育活動や授業（集団あそびや勉強）に入ってい

ける。

　早寝、早起き、朝ごはん、そして、うんちを出してすっきりしてから、子どもを園や学校に送り出す。これが子どもの健康とからだづくりの面で、親御さんに心がけていただきたいポイントである。

　子どもの場合、学力や体力に関する問題解決のカギは、①毎日の食事と、②運動量、③交流体験にあると考えるので、まずは、朝食を食べさせて、人と関わる日中のあそびや運動体験をしっかりもたせたいのである。それが、子どもたちの心の中に残る感動体験となるように、指導上の工夫と努力が求められる。

　心とからだの健康のためには、小学校低学年までは午後９時までに、高学年でも午後９時半までには寝かせてあげたいものである。とにかく、就寝時刻が遅いと、いろいろなネガティブな影響が出て、心配である。

　園や学校、地域において、ときが経つのを忘れてあそびに熱中できる環境を保障していくことで、子どもたちは安心して成長していける。要は、①朝、食べること、②日中、動くこと、③心地よく疲れて、早く寝ること、が大切なのだ。つまり、「食べて、動いて、よく寝よう！」なのである。**今、あなたがあきらめたら、子どもがダメになる。**

　生活を整え、体力を高めようと思うと、朝の光刺激と、何よりも日中の運動あそび

での切り込みは有効である。あきらめないで、問題改善の目標を一つに絞り、一つずつ改善に向けて取り組んでいこう。必ず良くなっていく。**「一点突破、全面改善」**を合言葉に、がんばっていこうではないか。

4. 子どもの健全育成のためのポイント

　子どもを対象に、各種のあそびや活動、指導を通して、人間形成を図りたい。つまり、子どもの全面的発達（身体的・社会的・知的・精神的・情緒的発達）をめざしたいと考える。そこで、以下の幼少年期の健康を支える6領域に目を向けて気をつけることを知っていただきたい。

①　睡眠・休養

　生活の基本となる睡眠は、睡眠時間の長さだけでなく、寝る時刻や起きる時刻も重要である。朝起きたときに、前日の疲れを残さずに、すっきり起きられているかがポイントである。

・夜9時までには、寝る。

・毎日、夜10時間以上、寝る。

・朝は、7時までには起きる。

・朝、起きたときに、太陽の光をあびる。

・朝、起きたときの様子は、元気な状態。

②　栄養・食事

　食事は、健康で丈夫なからだづくりに欠かせないものであり、家族や友だちとの団らんは、心の栄養補給にもなる。毎日、おいしく食べられるように、心がけよう。

・朝ご飯は、毎日、食べる。

・朝、うんちをする。

・ごはんを、楽しく食べる。

・おやつを食べてから夕ごはんまでの間は、2時間ほど、あける。

・夜食は、食べない。

③　活動

　お手伝いやテレビの時間といった小さなことでも、習慣として積み重ねていくことで、その影響は無視できないものになる。

・歩いて通園（通学）する。

・外に出て、汗をかいて遊ぶ。

・からだを動かすお手伝いをする。

・テレビを見たり、ゲームをしたりする時間は、合わせて1時間までに抑える。

・夜は、お風呂に入って、ゆったりする。

④　運動の基本

　公園に行って、どのくらいのことができるのか、いっしょに遊んでみよう。

・午前中に、外あそびをする。

・15〜17時くらいの時間帯に、外でしっかり遊ぶ。

・走ったり、跳んだり、ボールを投げたりを、バランスよく行う（移動系・操作系運動）。

・鉄棒や雲梯にぶら下がったり、台の上でバランスをとったりする（非移動系・平衡系運動）。

・園庭や公園の固定遊具で楽しく遊ぶ（空間認知能力）。

⑤　発達バランス（身体的・社会的・知的・精神的・情緒的成長）

　　自分の身を守れる体力があるか、人と仲良くできるか、あそびを工夫できるか、最後までがんばる強さがあるか、がまんすることができるか等、チェックしてみよう。

・転んだときに、あごを引き、手をついて、身をかばうことができる（身体的・安全能力）。

・友だちといっしょに関わって、なかよく遊ぶ（社会的）。

・あそび方を工夫して、楽しく遊ぶ（知的）。

・遊んだ後の片づけは、最後までできる（精神的）。

・人とぶつかっても、情緒のコントロールができる（情緒的）。

⑥親からの働きかけ・応援

・親子で運動して、汗かく機会をつくる。

・外（家のまわりや公園など）で遊ぶ機会を大切にする。

・車で移動するよりは、子どもと歩いて移動することを心がける。

・音楽に合わせての踊りや体操、手あそびにつき合う。

・1日に30分以上は、運動させる。

　　　　　　　　　　　　　　　　　　　　　　　　　　　（前橋　明）

Q & A

Q：幼児期にねらう運動機能の発達とは

A：身体活動をすることによって、それに関連する諸機能が刺激され、発達していく。しかし、各々の時期に、とくに発達する機能とそうでない機能とがある。例えば、幼児の神経機能は、出生後、きわめて著しい発育を示し、生後6年間に成人の約90％に達する。運動機能は、脳神経系の支配下にあるので、神経機能が急速に発達する幼児期においては、いろいろな運動を経験させ、運動神経を支配する中枢回路を敷設しておくことが大切である。また、幼児期に形成された神経支配の中枢回路は、容易に消えないので、その時期においては、調整力を中心とした運動機能の開発をねらうことが有効である。そして、運動によって運動機能が発達してくると、自発的にその機能を使用しようとする。そのことによって、運動機能はさらに高められ、児童期の終わり頃にはかなりの段階にまで発達していく。（前橋）

Q：運動によって、情緒は発達するのか

A：運動あそびや運動を実践することによって、情緒の発達が促される。また、情緒の発達にともなって、幼児の運動の内容は変化する。すなわち、運動と情緒的発達との間にも、密接な相互関係が成り立っている。情緒は、単なる生理的な興奮から、快・不快に分化し、それらは、さらに愛情や喜び・怒り・恐れ・しっと等に細かくわかれていく。そして、5歳頃までには、ほとんどすべての情緒が表現されるようになる。このような情緒の発達は、人間関係の交渉を通して形成される。この初期における人間関係の媒介をなすものがあそびであり、中でも、運動あそびを媒介として、幼児と親、きょうだい同志、友だち等との人間関係がより強く形成されていく。そして、運動あそびや各種の運動実践は、幼児が日常生活の中で経験する不安や怒り、恐れ、欲求、不満などを解放する、安全で有効な手段となっていく。

なお、心身に何らかの障害のある幼児の場合、心配で放っておけないということから、運動規制が強すぎたり、集団での運動経験が不足したりしている状態で育っているケースを比較的多く目にする。自閉症スペクトラムと呼ばれている幼児の中には、十分な体力をもちながら、運動エネルギーを不燃のまま自分の殻の中に閉じ込め、それが情緒的にネガティブな影響を及ぼしているケースも少なくない。そこで、こういった経験の不足を取りもどし、幼児の中で眠り続けてきた運動エネルギーに火をつけ、十分発散させてあげることが、情緒的にも精神的にも極めて重要である。多動で落ちつきのない幼児についても、同じことがいえる。大きなつぶつぶの汗が出るほど運動した後は、比較的落ちついてくる。多動だからといって、無理に動きを規制すると、かえって、子どもたちを多動にさせていく。（前橋）

Q：運動は、知的発達に役立つのか

A：子どもは、幼い頃から戸外あそびや運動を中心とした身体活動を通して、自己と外界との区別を知り、自分と接する人々の態度を識別し、物の性質やその扱い方を学習していく。また、対象物を正しく知覚・認識する働きや異同を弁別する力などの知的学習能力が養われる運動あそびにおいて、幼児は空想や想像の力を借りて、あらゆる物をその道具として利用する。例えば、大きな石はとび箱になり、ジャンプ台になり、ときには、馬にもなっていく。このような運動あそびは、想像する能力を高め、創造性を養い、知的能力の発達に寄与している。運動遊具や自然物をどのように用いるかを工夫するとき、そこに思考力が養われていく。様々な運動遊具を用いる運動によって、幼児はその遊具の使い方やあそび方、物の意義、形、大きさ、色、そして、構造などを認識し、学習していく。知的発達においては、自分の意志によって環境や物を自由探索し、チェックし、試みていくことが重要であるが、ときには指導者が指示を与え、物の性質やその働きを教えていくことも大いに必要である。

そして、運動実践の中で、成功や失敗の経験を積み重ねていくことが、知的発達の上で大切になってくる。また、友だちといっしょに運動できるようになると、自然のうちに認知力や思考力が育成され、集団思考ができるようになり、あわせて、模倣学習の対象も拡大し、運動経験の範囲も広くなっていく。幼児は、こうして自己と他人について学習し、その人間関係についての理解を獲得していく。さらに、自己の能力についての知識を得るようになると、幼児は他人の能力との比較を行うようになっていく。（前橋）

Q：運動神経を発達させるためには、どうしたらよいか

A：生理学的にみると、脳の機能は、細胞間の結合が精密化し、神経線維の髄鞘化が進むにつれて向上していく。神経も、適度に使うことによって、発達が促進されるという「使用・不使用の原理」が働いている。つまり、適度に使うことで、運動神経を発達させることができる。（前橋）

Q：生活習慣を整えていく方法は

A：生活習慣を整えていくには、1日の生活の中で、一度は運動エネルギーを発散し、情緒の解放を図る機会や場を与えることの重要性を見逃してはならない。そのためにも、幼児期には、日中の運動あそびが非常に大切となる。運動あそびというものは、体力づくりはもちろん、基礎代謝の向上や体温調節、あるいは脳・神経系の働きに重要な役割を担っている。園（学校）や地域において、時がたつのを忘れて、運動あそびに熱中できる環境を保障していくことで、生活習慣とそのリズムが整い、子どもたちは安心して成長していける。（前橋）

Ｑ：子どもの学力低下や体力低下、心の問題の原因は

Ａ：近年、子どもたちの脳・自律神経機能の低下、不登校や引きこもりに加えて、非行・少年犯罪などの問題も顕在化しており、それらの問題の背景には、幼少児期からの「生活リズムの乱れ」や「朝食の欠食」「運動不足」、「親子のきずなの乏しさ」等が見受けられる。

　結局、子どもたちの睡眠リズムが乱れると、摂食のリズムが崩れて朝食の欠食・排便の無さへとつながっていく。その結果、朝からねむけやだるさを訴えて午前中の活動力が低下し、自律神経の働きが弱まって昼夜の体温リズムが乱れてくる。そして、ホルモンの分泌リズムが乱れて体調不良になり、さらに、精神不安定に陥りやすくなって、行き着くところ、学力低下、体力低下、心の問題を抱える子どもたちが増えていく。（前橋）

Ｑ：子どもの休養面の問題は

Ａ：一見すると、現代の子どもたちの生活は豊かになったように見えるが、その実、夜型化の影響を受けて、生体バランスは大きく崩壊し、自然の流れに反する形で生活のリズムが刻まれていく。心とからだには密接な関係があって、からだの異常は精神の不調へと直結していく。現代の子どもの問題は、どれを先に解決するかというよりも、心とからだの両面をケアして、できうるところから解決していかねばならない。

　中でも、休養面（睡眠）の乱れの問題は、深刻である。短時間睡眠の幼児は、翌日に注意集中ができないという精神的な疲労症状を訴えることが明らかにされている。幼児期には、夜間に少なくとも 10 時間以上の睡眠時間を確保させることが欠かせない。子どもは、夜、眠っている間に、脳内の温度を下げて身体を休めるホルモン「メラトニン」や、成長や細胞の新生を助ける成長ホルモンが分泌されるが、今日では、夜型化した大人社会の影響を受け、子どもたちの生体のリズムは狂いを生じている。不規則な生活になると、カーッとなったり、イライラして集中力が欠如し、対人関係に問題を生じて、気力が感じられなくなったりする。

　生活リズムの崩れは、子どもたちのからだを壊し、それが心の問題にまで、ネガティブな影響を与えている。（前橋）

Ｑ：運動でのつまずきの予防は

Ａ：子どもの気持ちを無視して、無理なことをさせたり、上手でないのに皆が集中して見るような場面を作ったりしない等、子どもがまわりの目を気にせずに楽しく活動できる環境づくりが大切である。もし、子どもが失敗したら、皆で励まし合うことのできる雰囲気づくりと環境設営も大切で、運動が好きになれるような関わり方が必要とされる。

それには、日頃より、運動することやからだを動かすことの楽しさ・大切さを、第一に知らせることが必要である。（前橋）

Q：運動で社会性が育つのか

A：幼児が仲間といっしょに運動する場合、順番を守ったり、みんなと仲良くしたりすることが要求される。また、お互いに守らねばならないルールがあって、幼児なりにその行動規範に従わねばならない。運動実践の場では、集団の中での規律を理解するための基本的要素や協力の態度など、社会性の内容が豊富に含まれているため、それらを十分に経験させることによって、社会生活を営むための必要な態度が身についていく。

つまり、各種の運動実践の中で、指示にしたがって、いろいろな運動に取り組めるようになるだけでなく、仲間といっしょに運動することによって、対人的認知能力や社会的行動力が養われていく。こうして、仲間とともに運動することで、ルールの必要性を知り、自己の欲求を調整しながら、運動が楽しめるようになっていく。（前橋）

Q：運動は、日常生活へ貢献できるか

A：「運動は、睡眠をよくとることができ、生活のリズムづくりに役立つ」「運動後の空腹感を満たす際に、偏食を治す指導と結びつけることによって、食事の指導にも役立つ」「汗ふきや手洗いの指導を導入することによって、からだを清潔にする習慣や態度づくりに役立つ」等、運動は基本的生活習慣を身につけることにもつながる。いろいろな運動経験を通して、子どもたちに身体活動の楽しさを十分に味わわせることは、日常生活はもちろん、生涯を通じて自ら積極的に運動を実践できるようになる。そして、「からだを動かし、運動することは楽しい」ということを体得させていくことができる。つまり、力いっぱい運動することによって、活動欲求を満たし、運動そのものの楽しさを、子ども一人ひとりのものとするとき、その楽しさが子どもたちの積極的な自発性を引き出し、日常生活を通じて運動を継続的に実践する態度へと発展させることができる。（前橋）

Q：子どもの生活全体の身体活動量が減ってきて、必要量が不足すると、どうなるのか

A：子どもたちの活動の様子をみると、丸太渡りや平均台歩行時に足の指が浮いて自分のからだのバランスを保てず、台から落ちてしまう子どもが観察される。生活の中でしっかり歩いていれば、考えられないことである。走っても、膝をしっかり上げることができないので、つま先を地面にこすって引っかけてしまうのである。

また、日頃から、外あそびよりも、テレビ・ビデオ利用が多くなってくると、活動場所の奥行きや人との距離感を認知する力も未熟となり、空間認知能力が育っていか

ない。そのため、人とぶつかることが多くなる。ぶつかって転びそうになっても、日頃から運動不足で、多様な動きの経験が少ないため、保護動作すら出ずに顔面から転んでしまうのである。（前橋）

Q：運動ができなくて、つまずいている子どもへの対応は

A：できない子どもには、少しでも長く接し、自信がもてるように、成功をいっしょに喜び合うことが大切である。具体的には、現段階で、その子ができるとされる課題より一段階やさしい課題を与え、それをこなすことができたときに十分に誉め、子どもに、「できた」という達成感を味わわせること、また、運動の苦手な子どもであっても、その子の長所を見つけ、その良い点を他児に紹介することで、自信をつけさせていくことが重要である。

　子どもたちは、ほんのちょっとしたことでも、悩んだり、傷ついたりしてしまうもので、指導者が悩んでいる子どもの気持ちに気づかないと、つまずいてしまった子どもは、ずっと、そのときの嫌な気持ちのままでいることが多い。子どもの方が、自分で良い方向に転換できればよいが、幼児では、まだ自分自身で気持ちや姿勢の転換を図ることは難しい。したがって、まわりの大人の理解と援助が大切といえる。まず、子どもが、こなせなくても、一生懸命にがんばっていたら、そのことを誉めてあげたり、励ましたりして、気持ちをプラス方向へもっていくことが重要である。子どもが、あまりにも運動することを嫌がっていたら、無理にさせるのではなく、できる範囲で取り組ませるのがよい。できないときも、できないことが悪いのではないことと、恥ずかしがらずに何回も練習をくり返すことの大切さを指導していけばよい。そうしていくうちに、たとえできなくても、がんばってするだけで、何かをやり遂げたという満足感が得られたと感じることができるようになっていく。

　とにかく、幼児期は、自由に飛んだり跳ねたりできるようになる頃であるが、まだまだ思うようにからだを動かせないことが多い。したがって、このような時期には、運動を上手にすることよりも、からだを動かすこと自体が楽しいと思えるように育てることが大切である。この時期に、運動に対する苦手意識をもたせることは、子どもたちのこれからの運動に対する取り組みを消極的なものにしてしまいかねない。

　また、指導者は、子どもといっしょにからだを動かすことが必要である。運動を得意ではない子どもであっても、からだを動かして汗をかくことは好きなので、からだを動かしていろいろな楽しみを経験させたいものである。それも、指導者側は、子どもといっしょに動いて同じ汗を流すことが大切で、指導者の資質としては、子どもといっしょにできることを、どれだけ多く身につけているかが問われる。

　要は、つまずきへの対策として、体育やレクリエーションの指導者は、できるだけ子どもの気持ちの理解に努め、勝敗や記録にこだわるのではなく、運動の楽しさを伝えられるような指導のしかたを工夫していくことが必要といえる。（前橋）

ℚ：運動で安全能力が向上するのか

ℚ：運動技能を身につけることは、生命を守る動作や技術を習得していることであり、危険を避けたり、かわしたりして、自己の安全能力の向上と発揮に役立つ。また、ルールや指示に従う能力が育成されてくることによって、事故防止にもつながる。（前橋）

ℚ：日本で行われた最初の運動会は

ℚ：運動会の歴史を調べてみると、1874（明治7）年3月21日、東京・築地の海軍兵学寮にて、イギリス海軍士官の指導で導入されたアスレチックスポーツ「競闘遊戯」会が最初のようである。この遊戯会の遊戯番付（プログラム）は、第1から第18までであり、行司（審判）は、英国中等士官シントジョン氏、下等士官シプソン氏、チップ氏の3名であった。種目の中には、現在の150ヤード走を「すずめのすだち」、幅跳びを「とびうをのなみきり」、高跳びを「ぼらのあみごえ」、棒高跳びを「とんぼのかざかへり」、競歩を「かごのにげづる」、2人3脚を「てふのはなおび」等と呼ばれていた。しかし、イギリス人がいなくなるとともに、止んでしまった。（前橋）

ℚ：日本人による最初の運動会は

ℚ：1878（明治11）年、「少年よ大志を抱け」の言葉を日本の青年たちに残したクラーク博士の影響による運動会が札幌で行われた。それが、札幌農学校（後の北海道大学）の「力芸会」であった。この会は、第1回遊戯会と名づけられ、わが国最初の日本人による運動会として記録に残されている。力芸会と呼ばれたのは、実施した運動のことを「力芸」と呼んだことによる。種目には、100ヤード走、200ヤード走、10マイル走、1マイル走、半マイル走、走り幅跳び、走り高跳び、棒高跳び、ハンマー投げ、2人3脚、竹馬競争、提灯競争、蛙跳競争、じゃがいも拾い競争、食菓競争（パン食い競争の原型）などがあった。

　今日の陸上競技種目やレクリエーション的種目も採用されていたことから、札幌農学校の運動会でとりあげられたタイプの種目は、今日までの長い間、日本の運動会で親しまれ続けていることがわかる。また、じゃがいも拾い競争や食菓競争が行われたということは、農民の生活やあそびが積極的に種目としてとり入れられた様子が伺える。（前橋）

ℚ：春と秋の二季に運動会を行うことになった理由は

ℚ：1887（明治20）年、帝国大学の渡辺洪基総長は、帝国大学春期短艇競漕会での祝辞の中で、日常生活における正しい運動のあり方と人間としての心身の調和的発達のための正しい運動の必要性を強調した。そして、特定の日にこれを全員が実行し、

その具体的な姿を、広く多くの人にも見せるということは意味があると訴えた。さらに、祝辞の最初に、春と秋の二季に運動会を行うことを告げ、水陸の運動を奨励した。これが、定期的行事としての運動会のはじまりともいえるものである。(前橋)

Q：運動会の練習で入退場を厳しくいう風習は、どこからくるのか

A：1888(明治21)年、石川県の各学校は、文部大臣森 有礼の学校視察の歓迎準備のために、 子どもたちに兵式体操を練習させ、同年の春に金沢市、石川郡、河北郡の一市二郡の小学校児童の連合運動会を開いた。そして、10月の視察の際、大臣の臨場する運動会を第2回とし、秋季の連合運動会を開いた。場所は、金沢市の北の海岸である普正寺の浜であった。

そこで、大臣に見せたのが隊列運動と亜鈴運動、徒手体操、木銃と背のうを担った運動と行進で、それは本物の軍人に負けないようなきびきびとした動作で、大臣が大変ほめ、喜んだ。森 有礼大臣が奨励した、こういう運動会の形式は、長く日本の小学校に生き続けた。森 有礼大臣が、学校教育の中に兵式体操を奨励し、軍隊的な形式を導入した理由は、すすんで行動しようという国民性をつくりあげるのに、軍隊のやり方を利用するのが一番良いと考えたからだろう。言いかえれば、日本国民に従順、友情、威儀の徳を身につけさせるとともに、軍隊の忠誠という精神の中に統一国家としての日本のイメージをいだいていたのではないか。(前橋)

Q：運動会がお祭り的なのは、なぜ

A：お祭り的になった大きな原因は、明治末期から行われだした地方改良にあると考える。以前は、「村の鎮守」単位で行われていた祭りや結婚式などの行事や活動も、行政村単位の中で設立された小学校が、村の鎮守の代理機能をはたすことができるようになって、以前の祭り的雰囲気を継続させたからであろう。つまり、地方改良との関連で、村の鎮守が変質し、行政村社の祭りを補うものとして、小学校の運動会が地域の人々からの関心を大きく集めていったためと考える。(前橋)

Q：運動会において、万国旗を使用した理由は

A：大正中期頃から、運動会において、万国旗の使用が定着し、明治以降の日本人の外国に対する深甚な関心のありようを示していると考える。港に停泊している外国船の国旗が風に揺られながら、色とりどりの美しさを見せてくれ、とてもきれいだったことと、人々がその光景を見ながら、外国に対するあこがれや強い関心をもつようになり、学校の運動会の飾りつけにも、その美しさを、それまでのちょうちんによる飾りつけに替わって用いだしたのである。(前橋)

Q：短時間睡眠児にみられる症状は

A：短時間睡眠の子を観察すると、注意集中ができない、イライラする、じっとしていられない、歩き回る等、どんどん気になる様子がみえてくる。(前橋・石井、1996)。短時間睡眠で幼児期を過ごして小学校に上がっていくと、1時間の授業に集中できない。10分〜20分たってくると、集中力を失ってキョロキョロし、イライラしてくる。じっとしていられない、歩き回るという行動が起きてしまう。いくら優秀な先生がいても、子どもの方の生活基盤がしっかりしていないと、とくに短時間睡眠の睡眠習慣が身について就学してくると、教員も太刀打ちができない。幼児期には、夜間に少なくとも10時間以上の睡眠時間を確保させることが欠かせない。

　短時間睡眠が長く続くと、もっと激しい症状、いわゆるキレても仕方がない状況、子どもたちが問題行動を起こしても仕方のない状況が、自然と出てくる。よって、乳幼児期から睡眠を大事にすることを、学校（園）や家庭だけの問題ではなく、地域社会をあげて、もっと大切に考えていく必要があろう。(前橋)

Q：知覚に問題があり、動きがぎこちない子どもの指導は

A：からだに触れたものに過敏に反応したり、歩いたり走ったり跳んだりする動きがぎくしゃくしている、スキップや縄跳びができない、ボール運動が苦手であるといった子どもたちは、知覚に問題がある場合が多い。これは感覚統合に問題があるということで、触覚およびからだの向きや傾きを感じ取る感覚器官と、それに応じてからだを動かす筋肉や関節の連携がスムーズに行われず、自分のからだの動きや方向を把握できなくなっているために、からだの動きがぎこちなくなったり、からだ全体を協調させる運動が難しくなったりしている。

　このような子どもたちには、まず触覚による刺激を促すことが基本となる。触覚受容器への刺激は、脳で処理され、外界を知るための弁別的な触覚機能へと高まっていく。また、刺激に対してからだを動かすことにより、立ち直り反応が促進され、身体意識の形成が促される。さらに、触・圧刺激は、情緒の安定にも効果がある。次の段階として、からだの動きを意識的に言葉で言わせたり、考えさせたり、見せたりしながら、模倣や自らの活動をさせることが必要となる。この日常的な積み重ねが身体意識を養い、全身を使ったスムーズなからだの動きにつながっていく。(前橋)

Q：転倒時の観察

A：転倒したときにどこをぶつけたのかがわからないときは、痛がる部位だけでなく、その周囲や他の部位も観察し、皮膚が暗紫色に変色している部位（内出血）を冷やして、安静にさせる。転倒後に、嘔気を訴える、嘔吐する、意識がもうろうとしているときは、転倒時に頭部を打撲し、内出血している可能性が高いので、安静にして

救急車を呼ぶ。（前橋）

Q：でんぐり返りや片足とびができない、階段を一段一足の交差パターンで降りられない、小学生になっても片足立ちができない、ブランコで立ちこぎができない、線上を歩いたり走ったりできない、といった子どもには、何を優先してさせたらよいのか

A：重力に対して自分のからだをまっすぐに保つという「立ち直り反射」や「平衡反応」を強化するあそびを多く取り入れるとよい。また、全身運動を取り入れ、ボディーイメージ（自分のからだの大きさや長さ、幅などがこれくらいという感覚）をつくらせたり、逆さ感覚を育てたりしながら、恐怖心を取り除くようにする。例えば、高い高い、ぐるぐるまわし（逆さ感覚をつかませる）、大玉乗り、ハンモック、ゆりかご（不安定な位置に慣れさせる）、平均台や床に置いたロープに沿って歩かせる、鉄棒、ハンモック、トランポリン等を使って、回転したり激しく動いたりした後で、からだのバランスが保てるようにする（立ち直り反射の促進）、小さくなって鉄棒の下をくぐったり、物をよけて進んだりするゲーム等を通して、自分のからだの大きさを感じ取らせる等の運動経験が良い。（本保）

Q：睡眠と覚醒のリズムが乱れると、どうなるのか

A：睡眠と覚醒のリズムが乱れ、生体のリズムが崩れると、眠るためのメラトニンや、元気や意欲を引き出すコルチゾールやβ－エンドルフィン等の脳内ホルモンの分泌の時間帯が乱れて、体温調節ができなくなる。結果的に、夜間は脳の温度が下がらず、神経細胞の休養が不十分となり、睡眠時間は長くなっていく。したがって、朝、起きられなかったり、いくら長く寝てもすっきりしなかったりするのである。

　当然、朝、起きることができないから、午後になって、やっとコルチゾールやβ－エンドルフィンが分泌されると、少し元気が出てくる。もちろん、能力としては極端に低下しているので、結果的には、疲れやすさや持久力低下、疲労感の訴えの高まり、集中力低下、ぼんやり、いらいら、無気力、不安、うつ状態を引き起こしていく。

　また、近年は、幼児期からいろいろな種類のお稽古ごとが増え、脳が処理すべき情報量の増加とそれに反比例した睡眠時間の減少（睡眠不足）が、子どもたちの持続的な緊張状態をつくり上げている。この状態が、さらに慢性化し、重症化すれば、睡眠は浅くなり、疲労回復もできず、能力は極端に低下する。そして、将来、中学校・高校へと進む過程の中で、勉強に全く集中できず、何も頭に入らなくなり、日常生活も困難となって、家に閉じこもるようになっていくことが懸念される。（前橋）

Q：幼児の運動時の体調の観察は

A：幼児は、自己の体調の変化や痛みを、適切に言葉で表現することが難しいため、大人が、その変化に早めに気づいてあげることが大切である。体調不良のままで運動すると、集中力や注意力が低下しているために、思わぬ事故に結びつく危険性がある。指導者は、運動の開始時だけでなく、運動中や休憩時間でも、子どもの顔色や機嫌、活気、動き方などの様子を常に観察し、子どものささやかな変化を見逃さないようにすることが大切である。何気ない気づきが、からだの不調を早期に発見し、大きなケガや事故を防ぐことにつながる。(前橋)

Q：生活習慣に関するチェック項目はないのか

A：健康的な生活になっているか、幼児の生活習慣をチェックする項目を紹介する。
①食べて！
　□ 朝食を食べた
　□ 朝、ウンチを済ませて、1日を開始した
　□ 夜食は食べなかった
②動いて！
　□ からだを動かす運動あそびをして、汗をかいた
　□ 戸外を好んで遊んだ
　□ 友だちと関わっていっしょに遊んだ
　□ からだを動かすお手伝いをした
③よく寝よう！
　□ 夜はお風呂に入ってゆったりした
　□ 夜は、9時までには寝るようにした
　□ 夜間に10時間は眠った

3つの法則（食べて、動いて、よく寝よう）を実践して、就学までに健康的な生活リズムを身につけよう！
　○ が1～2個…改善できそうなことを1つ選んで、挑戦してみよう。
　○ が3～4個…がんばっているよ。もうすこし。
　○ が5～6個…まずまず。この調子で、もう1つ、挑戦してみよう。
　○ が7～8個…なかなか調子づいてきたね。
　○ が9～10個…いいよ。しっかり身についてきたね。この調子で、よい生活リズムを維持しよう！(前橋)

Q：痙攣・ひきつけの対応は

A：けいれんとは、筋肉が急に激しく収縮することで、ひきつけともいう。乳幼児期は、脳神経の細胞が未発達なために、発熱や強い刺激を受けた場合、神経細胞から強い電流が出て、筋肉がけいれんを起こしたり、意識がなくなったりする。初めてけいれんを起こすのは、3歳未満が約8割で、そのうち、約半数の子どもが、2回以上けいれんを起こす。けいれんで、最も多いのは熱性けいれんで、38℃以上の発熱に伴って起こる。高熱時に、意識がはっきりしなかったり、数分間、一点を見続けるような状態もある。てんかんによる場合や、頭を強く打った場合にも、けいれんを起こすことがある。その場合には、すぐ病院を受診してもらいたい。けいれんが起きると、突然、からだを硬くして、その後、手足をブルブル（ガタガタ）ふるわせ、目は上方を向いて白目となり、意識はなくなり、呼吸が荒く、不規則になる。多くの場合は、5分以内におさまり、その後、意識が回復するか、スヤスヤと何事もなかったように眠る。

　子どもがけいれんを起こしたら、あわてないで、子どものそばに付き添う。硬いものや、角がとがっている積み木、机、椅子など、皮膚を傷つける可能性のあるものを除去して、子どもが外傷を受けないようにする。子どもの洋服のボタンをはずして、衣服をゆるめ、半伏せ、または、顔を横向きにして、窒息を予防する。けいれんの持続時間や、けいれんが全身に起こっているのか、身体のどの部分に生じているのか等を観察する。けいれんが止まったら、横向きに寝かせ、身体を暖かくして、安静に保つ。そして、体温を測る。嘔吐して、口の中に吐物が見られるときは、顔を横に向け、示指にハンカチ、または、ガーゼ等の布を巻いて、下顎を押して口を開けさせ、口の中に挿入して吐物を取り除く。刺激により、再発作を起こすことがあるので、運搬時には注意する。すぐに保護者に連絡する。

　以下の場合は、医療機関を受診する必要があることを保護者に伝えよう。①初めてけいれんを起こしたとき、②けいれんが5分以上続くか、1日のうちに2回以上繰り返すとき、③からだの一部だけのけいれんや左右差が強いとき、④けいれんの後に意識が回復しない、または、身体の動きが悪いとき等。けいれんを起こして、舌をかむことはないので、わり箸にガーゼを巻いて口にくわえさせる必要はない。かえって、割り箸で口の中を傷つけてしまう可能性がある。また、けいれんは、数分でおさまるので、身体を抑制する必要もない。（浅川）

Q：運動時に子どもの異常を見つけた場合は、どうしたらよいか

A：異常をみつけた場合は、あわてずに落ち着いて対応すること。あわてている様子は、子どもに不安感を与えるので、他の指導者の応援を呼び、すぐに保護者に連絡する。焦らず、冷静に対応すること。異常の詳細を観察し、処置の方法や、医療機関を受診すべきであるかどうかといった、見極めや判断が重要である。判断が難しい場合

には、複数で確認すること。医療機関の受診は、原則として保護者に依頼すること。緊急の場合でも、必ず保護者に連絡し、同意を得て、受診させること。(前橋)

Ｑ：睡眠・食事・運動を軽視して、生活リズムを大切にしなかったら、後にどうなる

Ａ：幼少児期から睡眠リズムが乱れたり、運動不足になったり、食事が不規則になったりすると、中学・高校期に入ると、メラトニンという脳内ホルモンの分泌の時間帯もずれてくる。また、朝、起こしてくれるホルモンが出なくなり、起きられない。つまり、寝ているわけだから、日中、家に引きこもって、学校に行けない状態になる。

また、脳温を高め、意欲や元気を出させてくれるホルモンが、ずれて夕方くらいから分泌されるようになると、夜に活動のピークがくるという変なリズムになってしまう。言い換えれば、朝、起床できず、日中に活動できない、夜はぐっすり眠れない、という生活になっていく。

要は、睡眠のリズムが乱れてくると、朝ご飯が食べられない、摂食のリズムが崩れていく。エネルギーをとらないと、午前中の活動力が低下し、運動不足になっていく。そして、自律神経の働きも弱まってきて、体温リズムの乱れを生じ、やがて、ホルモンの分泌のリズムも崩れてくる。

こういう状態になってくると、子どもたちは、体調の不調を起こして、精神不安定にも陥りやすくなって、勉強どころではなくなる。学力低下や体力低下、心の問題を引き起こすようになっていく。

つまり、睡眠、食事、運動の機会が、子どもたちの生活に保障されないと、自律神

睡眠リズムが乱れると
↓
摂食リズムが崩れる（朝食の欠食）
↓
午前中の活動力の低下・１日の運動量の減少
（運動不足・体力低下）
↓
オートマチックにからだを守る自律神経の機能低下
（昼夜の体温リズムが乱れ、自発的に自主的に行動ができなくなる）
↓
ホルモンの分泌リズムの乱れ
（朝、起床できず、日中に活動できない、夜はぐっすり眠れなくなる）
↓
体調不良・精神不安定に陥りやすくなる
↓
学力低下・体力低下・不登校・暴力行為

図　日本の子どもたちが抱えた問題発現とその流れ

経の働きが悪くなって、オートマティックにからだを守ることができなくなる。意欲もわかず、自発的に、自主的に行動できなくなっていく。教育の世界で言う「生きる力」は、医学・生理学でいうと「自律神経の機能」なのである。ぜひ、子どもたちの「睡眠」、「食事」、「運動」というものを、大切に考える大人たちが必要である。もし、自律神経の機能低下を生じたならば、運動療法をお勧めする。何も、スポーツをしろというのではない。スポーツができるくらいだったら、問題はない。自律神経の機能低下を生じると、動こうという意欲すらもてなくなる。散歩やからだ動かしに誘いながら、少しでもおなかがすき、そして、眠れるように、ゆっくり導く。

　子どもたちの活動力や体力の低下を防ぐために、睡眠と食事に家庭の協力がいるし、活動力が低下している子どもたちをどういうふうに受け入れて、どういうふうに保育や教育実践の中で、より良い状況にしていくか、より良い学習効果が得られるようにするにはどうしたらよいか等、園や学校現場での模索や研究が大いに必要になっている。(前橋)

Q：生活リズムを改善する方法は

A：生活リズムの改善には、「早寝・早起き」が基本となる。夜型化した子どもの起床や朝食開始の時刻の遅れを防止する具体策は、就寝時刻を現状よりも1時間ほど早めることである。これによって、充実した毎日の生活を体験させるために必須の条件である「朝食の摂取と朝の排便」が可能となり、登園（校）後の生活の中で、子どもたちは情緒の安定と対人関係の充実をより一層図っていくことができるようになる。

　つまり、就寝時刻を早めるためには、「子どもたちの生活の中に、太陽の下での戸外運動を積極的に取り入れること」、とくに、「午後（放課後）の戸外あそび時間を増やして運動量を増加させ、心地よい疲れを誘発させること」、「調理時間の短縮や買い物の効率化などを工夫し、夕食の遅れを少しでも早めること」、そして、「テレビ・ビデオ視聴時間を努めて短くして、だらだらと遅くまでテレビやビデオを見せないこと」が有効と考える。ただし、メディア利用の仕方の工夫に力を入れるだけでは、根本的な解決にはならない。つまり、幼少年期より、「テレビやビデオ、ゲーム等のおもしろさ」に負けない「人と関わる運動あそびやスポーツ、レクリエーション活動の楽しさ」を、子どもたちにしっかり味わわせていかねばならない。(前橋)

Q：幼児に、おやつがなぜ必要なのか

A：大人も子どもも、朝・昼・晩と3食を食べて生活を支えているが、幼児は急激に成長していく中で、胃は小さいし、腸の働きは未だ弱いから、一度に多くの食を取りこめないので、成長するためには3食では足らない。つまり、おやつでその不足分を補う必要がある。だからこそ、おやつも食事の一部と考えてほしい。つまり、幼子にとっての食事は、1日4食〜5食が、小分けにして必要なのである。

❿：低体温のからだへの影響は

A：朝、起きて体温が低いということは、からだが起きている状態ではないということ、脳も覚醒していない状態で活動をしなければならないということである。したがって、いろいろな活動をしても、無気力でやる気が出ず、実際に覚えきれなかったり、やりきれなかったりする。ウォーミングアップができていないということである。あわせて、朝食の欠食をし、日中に運動が足りないと、産熱や放熱の経験が少なくなり、自律神経が鍛えられず、体温は適切にコントロールされなくなって、夜の眠りも浅くなる。

　子どもたちの生活リズム上の問題点を改善し、自律神経の働きを良くするには、「就寝時刻を早めること」だが、そのためには、まずは、朝食を食べさせて、日中のあそびや運動体験の機会をしっかりもたせることである。

　中でも、日中、太陽の下で戸外運動を積極的に取り入れることは、子どもたちの体温を上げたり、汗をかいて放熱したりする経験を十分にもたせてくれ、自律神経の働きをいっそう高めてくれる。とくに、「午後の戸外あそび時間を増やして運動量を増加させ、心地よい疲れを誘発させること」、そして、「だらだらと遅くまでテレビやビデオを見せず、健康的な視聴をさせるように心がけることが、生活リズム向上のためには、極めて有効と考える。（前橋）

❿：午睡の役割は

A：午前中に遊びこんだ子どもの脳温は高まり、その勢いでオーバーヒート気味になっていく。これを防ぐために、脳を休める昼寝（午睡）がある。体力がついてくると、寝なくても大丈夫になってくるが、まだまだ大脳の働きが弱く、体力レベルの弱い幼子には、脳温を一時下げて通常の体温リズムにもどす、言い換えれば、脳を休める昼寝（午睡）が必要なのである。もし、一律に午睡を排除すると、体力レベルの低い子どもは、脳温のコントロールができなくなっていく。夜に早く眠らせるために、午睡をさせないようにすると、計算的には昼間の睡眠がなくなるわけであるから、夜に早目の就寝が期待されるが、それは大脳機能が未熟な上に、必要な時間帯にクールダウン（体温調節）をさせてもらえないわけだから、のちのち自律神経の機能低下やホルモンの分泌リズムを乱す誘因にもなっていくことが懸念される。

　したがって、幼い幼児期においては、午前中のあそびで生じた脳温の高まりを、まずはオーバーヒートしないように下げる午睡を大切にしていくことが大切であり、体力レベルの高まった子どもに対しては、無理に寝させなくてもいいけれども、脳を休憩させる静かな時間「クワイエットタイム」の確保をお勧めする。（前橋）

Q：親子体操は、なぜよいのか

A：近年は、幼いときから、保護者から離れて生活することが多くなってきた。そうなると、子どもが愛情に飢えるのもわかる。親の方も、子どもから離れすぎると、愛情が維持できなくなり、子をいとおしく思えなくなっていく。便利さや時間の効率性を重視するあまり、徒歩通園から車通園に変え、「親子のふれあい」や「歩く」という運動量確保の時間も減っていき、コミュニケーションが少なくなり、ひいては、体力低下や外界環境に対する適応力も低下している。

　今日の特徴であるテレビやビデオの使いすぎも、対人関係能力や言葉の発達を遅らせ、コミュニケーションがとれない子どもにしていく。ここは、腰を据えて、乳幼児期から親子のふれあいがしっかりもてて、かつ、からだにも良いことを実践していかねばならない。だから、「親子体操」は重要で、それを生活化させていくことが求められる。まず、親子で遊んだり、体操をしたりする機会を設け、子どもといっしょに汗をかくのが良い。子どもに、お父さんやお母さんを独り占めにできる時間をもたせてもらいたい。親の方も、子どもの動きを見て、成長を感じ、喜びを感じてくれる。他の家族がおもしろい運動をしていたら、参考にしたり、子どもがんばっていることをしっかりほめたりして、自信をもたせてもらいたい。子どもにも、動きを考えさせて創造性を培う機会をもってもらいたい。動くことでお腹がすき、食事が進む。夜には、心地よい疲れをもたらしてくれ、ぐっすり眠れる。親子体操の実践は、食事や睡眠の問題改善にも、しっかりつながっていく。

　親子体操は、これまで、いろいろなところで取り組まれている内容であるが、それらを本気で実践するために、地域や社会が、町や県や国が、しっかり動いて大きな健康づくりのムーブメントを作ることに期待したい。このような体験をもたせてもらった子は、きっと勉強や運動にも楽しく取り組んで、さらに家族や社会の人々とのコミュニケーションがしっかりとれる若者に成長していくはずである。急がば回れ、乳幼児期からの親子体操を通した「ふれあい体験」を大切にしていこうではないか。(前橋)

Q：体力・運動能力測定の実施上の注意事項は

A：体力測定の実施にあたっては、①対象児の健康状態を十分に把握し、事故防止に万全の注意を払うこと。医師から運動を禁止、または制限されている子どもや、当日、身体の異常（発熱、倦怠感など）を訴える子どもには行わないようにする。②体力測定は、定められた方法で、正確に行うこと。年少幼児の場合は、あらかじめ体力測定運動に、あそびとして慣らしておくことが望ましい。③体力測定前後には、適切な準備運動や整理運動を行うこと。④体力測定場の整備、器材の点検を行うこと。⑤計器（握力計、ストップウォッチ等）は、正確なものを使用し、その使用を誤らないようにすること。すべての計器は、使用前に点検しておくこと。(前橋)

Q：脳や自律神経を鍛える方法は

A：子どもたちの脳や自律神経がしっかり働くようにするためには、まずは、子どものとっての基本的な生活習慣（睡眠・食事・運動の習慣）を、大人たちが大切にしていくことが基本である。中でも、自律神経の働きを、より高めていくためには、①室内から戸外に出て、いろいろな環境温度に対する適応力や対応力をつけさせること、②安全なあそび場で、必死に動いたり、対応したりする運動あそびをしっかり経験させること、つまり、安全ながらも架空の緊急事態の中で、必死感のある経験をさせること。具体的な運動例をあげるならば、鬼ごっこや転がしドッジボール等の必死に行う集団あそびが有効である。③運動（筋肉活動）を通して、血液循環が良くなって産熱をしたり（体温を上げる）、汗をかいて放熱したり（体温を下げる）して、体温調節機能を活性化させる取り組みが必要である。（前橋）

Q：「食べて、動いて、よく寝よう！」運動とは何か

A：今日では、夜型化した大人社会の影響を受け、子どもたちの生体のリズムは狂いを生じている。不規則な生活になると、カーッとなったり、イライラして集中力が欠如し、対人関係に問題を生じて、気力が感じられなくなったりしている。生活リズムの崩れは、子どもたちのからだを壊し、それが、心の問題にまで影響を与えている。それらの問題の改善には、ズバリ言って、大人たちがもっと真剣に「乳幼児期からの子ども本来の生活」を大切にしていくことが必要である。

(1) 夜型の生活を送らせていては、子どもたちが朝から眠気やだるさを訴えるのは当然である。

(2) 睡眠不足だと、注意集中ができず、また、朝食を欠食させているとイライラ感が高まるのは当たり前で、授業中にじっとしていられず、歩き回っても仕方がない。

(3) 幼いときから、保護者から離れての生活が多いと、愛情に飢えるのもわかるが、親の方も、子どもから離れすぎると、愛情が維持できなくなり、子をいとおしく思えなくなっていく。

(4) 便利さや時間の効率性を重視するあまり、徒歩通園から車通園に変え、親子のふれあいや歩くという運動量確保の時間が減っていき、コミュニケーションがとれなくなり、体力低下や外界環境に対する適応力が低下していく。

(5) テレビやビデオの使いすぎも、対人関係能力や言葉の発達を遅らせ、コミュニケーションのとれない子どもにしていく。とくに、午後３時〜５時頃の運動あそびの減少、地域の異年齢児によるたまり場あそびの崩壊、ゲームの過度な実施やテレビ視聴の激増が生活リズムの調整をできなくしている。

それらの点を改善していかないと、子どもたちの学力向上や体力強化は図れないし、キレる子どもや問題行動をとる子どもが現れても不思議ではない。ここは、乳幼

児期からの生活習慣を健康的に整えていかねばならない。

　要は、①朝、食べること、②日中、動くこと、③夜は、心地よく疲れて、早く寝ることが大切なのであり、「食べて、動いて、よく寝よう！」なのである。この健康づくりのためのスローガンは、2003年より、全国的な動きとして、発展している。（前橋）

Q：1点突破・全面改善とは

A：生活は、1日のサイクルでつながっているので、生活習慣（生活時間）の1つが悪くなると、他の生活時間もどんどん崩れていく。逆に、生活習慣（時間）の1つが改善できると、次第にほかのことも良くなっていくという意味。

　したがって、日中、太陽の出ている時間帯に、しっかりからだを動かして遊んだり、運動をしたりすると、お腹がすき、夕飯が早くほしいし、心地よく疲れて早めの就寝へと向かうことができる。早く寝ると、翌朝、早く起きることが可能となり、続いて、朝食の開始や登園時刻も早くなる。朝ごはんをしっかり食べる時間があるため、エネルギーも得て、さらに体温を高めてウォーミングアップした状態で、日中の活動

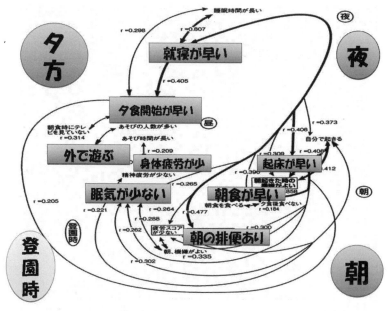

図　生活リズムファクター関連図

が開始できるようになり、良い循環となる。

　生活を整えようと思うと、朝の光刺激と、何よりも日中の運動あそびでの切り込みが、極めて有効である。あきらめないで、問題改善の目標を、1つに絞り、1つずつ改善に向けて取り組んでいくことを、1点突破と呼ぶ。そこから良い連鎖を生じて、全体も必ずよくなっていくことを、全面改善。「1点突破、全面改善」を合言葉に、がんばっていこう。(前橋)

Q：うんちは、なぜ、朝でやすいのか

A：人間は食物を食べると、消化の良い物で、7～9時間ほどでうんちになる。じっくり消化していくと、24時間前後はかかる。夜10時間ほど寝るとするならば、夕食で食べたものの中で消化のよい食物の残りかすは、翌朝にはもう大腸に着いている。そして、朝の胃は、空っぽである。その空っぽの胃に、朝の食べ物が入ると、胃は食べ物が入ったことを脳に伝える。すると、今までに消化吸収された残りかすを出すために、腸が蠕動(ぜんどう)運動を始め、食物残渣(ざんさ)を押し出そうとする。だから、朝、ウンチが出やすいのである。

　ただし、そのときに、腸内に満ちるだけの残りかすがある方が良くて、大腸に刺激が伝わると、じわじわと押し出していく。満ちるだけの残りかすをためようと思うと、お菓子だけでは、腸内に満ちるだけの残りかすによる重さと体積がつくれない。内容(質)の良い物を食べないと、うんちに結びつかないのである。(前橋)

Ｑ：子どもたちに集中して話を聞いてもらうにはどうしたらよいか

Ａ：「話を聞くときは、相手の目を見て聞くのよ。」と、子どもたちに言っている指導者をよく見かけるが、実は、ここに問題点がある。目を見ることのできにくい位置に、子どもたちをいさせてはいないだろうか。

　人間には、限られた視野があり、話し手の視野からはずれていたり、距離が遠すぎたりすると、子どもには聞き取りづらく集中力が散漫になる。

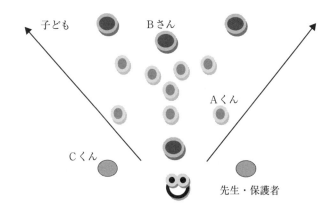

　図のＡくんの位置は、話し手の視野に入り、距離も適切な位置にいる一般的な子ども。Ｂさんの位置は、視野には入っているが、距離が離れすぎているために声が通りづらく、よそ見をしたり、砂いじりをしたりすることの多い子どもたちの位置である。ただ、この位置にいる子どもたちには、話し手の位置を時に反対に動かしたり、話し方を工夫することで解消することができる。

　意外と気がつかれないのが、Ｃくんの位置にいる子どもたち。距離的には近いものの、視野からはずれていることで、話し手の注意も向きにくく、集中力が散漫になりやすくなる。このような子どもたちは、説明を聞き逃してルールを破ったり、成果があがりづらくなったりする。

　そこで、話し手は、自らの視野の範囲を子どもたちに伝え、話を聞く際はその中に集まってもらえるような働きかけが重要になる。このことで、グループ全体の集中力が増してくる。（池谷）

Q：四季は、子どもたちにどのような影響をもたらすか？

A：今日の子どもの生活を見渡すと、食べ物でも、運動でも、季節や自然との遊離を強く感じるようになってきた。野菜や魚介などの実りの時季で、最も栄養価が高くなって、一番味の良い時季のことを旬（しゅん）と言うが、今日では、四季の変化に応じて、旬のものを食べることも、四季ならではのあそびや運動をすることも少なくなり、メリハリがなくなってきたように感じる。

昭和30年・40年頃は、いちごは初夏からしか食べられなかった。しかし、今では、1年中、いちごが店頭に並び、いつでも食べられるようになった。また、夏は暑いので、水あそびや水泳をした。冬に湯を沸かして、泳ぐことはしなかった。水あそびが始まると、そこに泳ぎや潜りの競争あそびが自然に始まった。知恵や創造性が、四季折々に大きく育まれていたのである。

この四季の特徴を生かしたあそびが、季節の旬の活動であり、そこで多くのあそびのバリエーションが、子どもたちの知恵（創造性）により生み出され、その工夫の積み重ねと活動体験が生きる力の土台となっていった。

つまり、かつての子どもたちは、自然の変化に応じて、その時々の旬の食べ物を食べ、豊かな栄養を得て、季節の特徴を生かして考え出したあそびや運動を楽しんでいたのだ。

また、四季があるということは、寒いときもあり、暑いときもあるということだから、それだけ幅の広い温度差に接し、からだも、その差に対する対応力や抵抗力を身につけなければならないわけである。

もっと自然にふれて、暑いときには、暑いときにしかできない旬のあそびや、夏ならではの運動（水あそび）をしっかり経験させることで、自律神経の働きをよくし、身体機能を向上させるだけでなく、人間のもつ五感を刺激して十分に養い、豊かな感性を四季の変化の中で、自然な形で育てていくことにつながっていく。

自然破壊が進む中で、私たち大人は、子どもたちにもっと自然の大切さや魅力をあえて教え、とりわけ、日本では四季の変化に応じた自然からの恵みを受けていることを感じさせ、その幸せを感じる体験をしてもらいたいものである。また、感覚を言葉で共有できるようにも育ってもらいたい。

自然に対し、自然からの感動や安らぎを得た経験をもつ子どもたちこそ、本当の自然の大切さを感じることのできる大人になっていくことができるのである。（前橋）

Q：汗をかくことは、子どもにとって、良いことか、必要なことか？

A：夏の暑いとき、ヒトは汗腺から熱を逃がし、体温の調節に寄与している。実際に汗をかいて機能している汗腺は、能動汗腺と呼ばれている。この能動汗腺の数は、3歳頃までに、どれだけ暑さにさらされて汗をかいたかによって決定される。冷暖房完備の室内で、テレビやビデオ、スマートフォーン等のからだを動かさない静的なあ

そびばかりをしている子どもは、汗をかく機会には恵まれないので、汗腺が十分開かずに機能しないまま育ってしまう。将来的には、体温の調節能力が低い状態になるため、暑い真夏にかく汗も大切なのである。

したがって、能動汗腺を増やすには、子どもたちが十分に汗をかくことのできる環境を作り、動く機会を保障することが必要である。（前橋）

Q：**紫外線の影響を心配している。テレビで、紫外線情報が流れるたびに、子どもを外に出してよいのか、心配でならない。どのようにしたらよいか？**

A：子どもへの紫外線の影響について、心配する保護者は多い。紫外線の基礎知識と子どもにとって大切な外あそびのポイントを、話しておきたい。

そもそも紫外線は、どのような仕組みで、からだに影響を及ぼすのだろうか。紫外線には、波長の長い方からUVA、UVB、UVCの３種類があり、地上に届くのは、UVAとUVBである。

つまり、紫外線は、電磁波の総称で、波長によってA波（長波長）とB波（中波長）とC波（短波長）の３種類に分けられている。この中で、健康に欠かせないのがA波とB波で、A波には細胞の活動を活発にして、その生まれ変わりを促進させる作用がある（日光浴）。B波には、皮膚や肝臓に蓄えられたビタミンD_2をビタミンD_3に変える役目をし、食物から摂取したカルシウムを体内カルシウムに再生し、骨格を作り、神経伝達を良くする。つまり、骨が丈夫になり、運動神経が良くなる。骨粗しょう症の予防にも、日光浴は重要な因子となる。また、ビタミンD_3は、免疫能力を高めるので風邪を引きにくく、病気の回復を早める。このビタミンD_3は、食べ物から摂ることはできず、からだが紫外線を浴びることでしか作れないのである。

さて、近年、「シミやシワを生み、老化だけでなく、癌をも誘発する紫外線。オゾン層の破壊・減少で、紫外線による害は、これからますます多くなる」という報道や情報を受けて、保育園や幼稚園に対し、「わが子を太陽の下で遊ばせないで下さい」「裸でプールへ入れないで下さい」「日除けつきの特製帽子を必ずかぶるようにさせて下さい」等と過敏な要望や訴えをされる保護者の方が増えてきた。また、保育者の研修会では、先生方から「健康的な子育てと太陽の下での戸外あそびの奨励をどのように考えたらよいのか」「プールは禁止にしなければならないのか」等という質問をよく受ける。

確かに、布団干しや日光消毒で有益な殺菌作用のある紫外線C波でも、その量が多すぎると（特別な地域です）、皮膚の細胞を傷つけることがある。また、エリテマトーデスという病気の子は、日光過敏症があって発疹が出るので、日光を避けなければならない。したがって、医師から特別な理由で陽光を避けたり、控えたりする指示をいただいているお子さんは、必ず医師の指示にしたがってもらいたい。

しかしながら、健康なお子さんの場合は、普段の生活上での紫外線は問題ないと考えた方が良い。日常、私たちが受ける紫外線の主な光源は太陽である。短い波長の紫外線は大気圏のオゾンに吸収され、中でも短いC波は自然界では大気中でほとんど

吸収されるため、日常生活での紫外線で皮膚癌はまずない。つまり、健康やからだづくりに欠かせない紫外線の効果に目を向けていただきたい。

　したがって、日常の紫外線に発癌のリスクがあれば、厚生労働省や文部科学省をはじめとする関係機関は、戸外あそびやプール等の戸外活動を禁止するはずなので、子どもたちの健康生活のためには、現状では、戸外あそびや運動実践を、是非とも大切にしてあげてもらいたい。（前橋）

Q：どのような運動を、どのようにさせるのが、幼児の健康づくりに一番良いのか。

A：手軽にできる運動を、楽しみながら、汗をしっかりかくぐらい行う運動の体験が、健康づくりには良い。汗をかく運動は、オートマティックにからだを守り、自発的・自主的に行動のできるもととなる自律神経の働きを良くしている証拠である。とくに、子どもたちの体温調節機能の発達にも寄与する。具体的には、

(1) 安全なあそび環境の中で、必死に動こうとする架空の緊急事態が、子どもたちの体力を向上させ、交感神経をますます高めて、大脳の働きをより良くする。

(2) 子どもたちには、日中に運動するのが楽しく、ワクワクする友だちとの運動あそびや人と関わる集団あそびを奨励したい。1日1回は、戸外に出て、汗をかくくらいのダイナミックな外あそびが必要である。

(3) 外あそびで全身の調整力を高め、筋力の向上を図るとよい。三輪車や自転車も楽しくなる時期であるから、バランス能力を高めること、ボールを投げたり、蹴ったりして操作する動き、ぶら下がって頑張る非移動系の運動、走ったり、ジャンプしたりする移動系の運動など、多様な動きを経験させることが大切である。

(4) あそびの中では、「できた！」を増やしていくことは、動機づけの面から、とても大切なことですが、成功体験だけでなく、失敗体験も、前頭葉の発達には重要である。

　幼児期から、体操や運動あそびをたくさん行い、身体の諸機能を高めると同時に、夜には心地よい疲れから早く眠りにつけるようなからだづくりをしていこう。暑くて外に出たくない、動きたくない夏であっても、子どもたちが心身ともに健やかな育ちを遂げることができるように、からだを動かす機会や戸外で遊ぶ機会を保障していかねばならない。そのためには、夏はとくに、身軽な服装で動ける季節であるからこそ、動きたくなる靴やシャツ、ズボンを選ぶことも、外への誘いや動く活動への誘いに有効に働く。

　からだを動かすことで、子どもたちの体力や身体機能は高められ、豊かな成長を遂げるための土台づくりが行われる。

　しかし、それ以外にも、からだを動かすことで、心地よい疲れを生じさせ、子どもたちの生活のリズムを整えてくれる効果もあるということを忘れないでもらいたい。（前橋）

Q：「おしり」は、大きいけど、何の役に立っているのか？

A：私たちのお尻は、胴（からだの頭や手足を除いた部分）の後ろにあり、立つと下の後ろにある。お尻を、一般に「けつ」とか「おいど」と言ったり、また、医学では、「臀部」と呼んだりしている。お尻には、でんきん（殿筋）と呼ばれる大きな筋肉と、体表のすぐ下に皮下脂肪という脂肪層が発達しているので、ふくらんで盛り上がっている。

そのおかげで、座るときに、関節や神経などを保護してくれたり、体重の重さをやわらげ、負担を軽くしてくれたりする。つまり、脂肪が多くついていて、クッションの役割をしてくれるというわけである。やわらかい座布団を敷いているようなものだから、座って、長い間、本を読んだり、テレビを見たり、勉強もできるのである。

また、お尻の皮下脂肪層は、からだの他のどの部分よりも、よく発達しているが、中学生くらいになると、性差が見られるようになり、男の人よりも、女の人の方が多いという特徴がでてくる。

そして、私たちが直立の姿勢をとって動こうとするときには、足の付け根から膝までの大腿（太もも）を伸ばして広げ（伸展させ）る。このとき、お尻の大きな筋肉（大殿筋）が、中心になって働く。つまり、主要な伸展筋として働いて、歩いたり、走ったりできるようになるのだ。だから、お尻が大きく二つに分かれ、さらに、お尻の皮膚は、運動もできるよう、背部の皮膚と同様に、厚くできているわけである。

コ ラ ム

遊具の正しい使い方・安全な遊び方

遊具は、正しい使い方をして、仲よく・楽しく遊ぶことが求められる。安全な遊び方についての主な約束は、

①靴は、かかとと靴の背を合わせてしっかり履いて、脱げないようにする。

②マフラーのように、引っかかりやすいものは取って遊ぶ。

③上着の前を開けっ放しにしない。

④ランドセルやカバンは置いて遊ぶ。

⑤ひも付き手袋は、使わない。

⑥上から物を投げない。

⑦飛び降りをしない。

⑧遊具に、ひもを巻きつけない。

⑨濡れた遊具では、遊ばない。

⑩壊れた遊具では、遊ばない。壊れているところを見かけたら、大人（管理者）に伝えよう。（前橋）

固定遊具を安全に利用するための点検

1. 日常点検

日常点検とは、遊具の変形や異常の有無を調べるために、管理者が目視診断、触手診断、聴音診断などにより、行う日常的な点検のことである。日常点検を効率的に行えるようにするには、遊具ごとに日常点検表があるとよい。

2. 定期点検

専門家に依頼して、定期的に点検（劣化点検や規準点検）を行ってもらう。

劣化診断の例としては、遊具の設置後、長い年月が経過すると、地面に近い箇所で、目に見えない劣化が進んでいる場合がある。そのため、定期点検によって、その劣化の状態を把握していく。

規準診断の例として、遊具の安全規準は年々改定されており、以前は規準を満たしていた遊具でも、現在の規準には当てはまらない場合がある。定期点検をして、現在の規準を満たしているかを確認する必要がある。

3. 遊具点検後の修繕・撤去

不具合のあった遊具については、使用禁止とし、補修が完了すれば、開放するが、補修が不可能なものについては、撤去が基本である。（前橋）

固定遊具点検時のポイント

　安全に配慮した遊具の設計においては、樹木の環境を生かしつつ、安全領域を確保することが基本である。また、安全マットの設置や段差の注意喚起の塗り分け等、安全に配慮した設計・配置も求められる。

　こうして、配置された遊具は、定期的に点検し、必要ならば、補修を行い、遊具の安全確保を図り、事故を未然に防止し、適切に管理することが必要である。

1. 管理者は、専門家による遊具の保守点検を、少なくとも年に1回以上は実施してほしい。保守点検を行った遊具については、点検実施時における状況、点検結果を記録し、適正に保管することが必要である。また、遊具の劣化は、設置後の経過年数や、地域の気象条件ならびに遊具の使用状況、部位、構造、管理方法および立地条件などにより、劣化の進行状況が異なることに留意していただきたい。

2. 遊具を構成する構造部材および消耗部材は、金属類、木質類、プラスチック系、繊維などの様々な材料が用いられていることを理解し、事故に繋がりやすい危険箇所など、過去の実例から危険性があると判断されるポイントについては、重点的に点検を実施することが必要である。

3. 点検の結果、遊具の撤去または補修の必要が生じた場合は、迅速な対応が求められる。

　①放置しておくことで、事故につながる恐れがあると判断されるものについては、早急に使用禁止の措置を行うとともに、撤去または補修を行うこと。

　②補修の困難なものについては、撤去を行うこと。

　③早急に対応する必要がない場合は、点検終了後に補修を実施すること。

　④事故に繋がるおそれがなく、当該点検時に補修を実施するよりも適切な時期に補修を実施する方が効果的なものについては、経過観察をすること。（前橋）

固定遊具製品そのものの安全性

①突起の少ないボルト類：子どもたちの手やからだにふれる部分には、突起の少ないボルトを使用すること。

②指爪防止チェーン：チェーンの隙間に樹脂カバーを取り付けてカバーチェーンにすること。

③盗難防止ボルト：ときに、遊具のボルトを盗む心無い人が現れることがある。特殊工具を必要とするボルトを使い、いたずらからなる事故を防ぐことも必要。

④鋼材の品質：JIS規格に定める鋼材を使っていることが必要。

⑤木材：耐久性、耐水性が良く、ささくれ等が起こらないような素材が求められる。

⑥樹脂：耐候性や衛生面に優れているもの。

⑦ネット遊具：耐候性や耐摩擦性、耐熱性、衛生面に優れたもの。

⑧塗装：耐候性や耐水性、防カビ、防藻性に優れ、美観を保つもの。（前橋）

固定遊具設計・設置上のポイント

①頭部・胴体・首・指を挟みこんでしまう隙間を除去して、事故を防止する。子ども
　が自分の体格を意識せずに通り抜けようとした場合、頭部や胴体の挟み込みが発生
　しないように、開口部は胴体が入らない構造にするか、胴体が入る場合は頭部が通
　り抜ける構造にする。
②指が抜けなくなる恐れのある穴は、設けないようにする。
③踊り場や通路といった歩行や走行を目的とした平坦な床面の隙間は、30mm を超え
　ないようにする。ただし、つり橋やネット渡り等のあそびを目的にした部分の隙間
　は、頭部や胴体の挟み込みが起こらないようにする。要は、子どもが容易に触れる
　ことができる部分には、突出部や隙間を除去し、事故を防止したい。
④子どもが容易に触れる可能性のある部分には、着衣の一部やカバンのひもが絡まっ
　たりしないように配慮する。とくに、滑走系の遊具の滑り出し部など、落下が予想
　される箇所では、絡まったり、引っかかったりする突出部や隙間がないようにす
　る。落下高さに応じて、ガードレールや落下防止柵を設置し、不意な落下を防止す
　る。（前橋）

運動をして育つ要素

1. 体力（physical fitness）
　(1) 行動を起こす力
　　1) 筋力（strength）…筋が収縮することによって生じる力のこと。つまり、筋
　　　が最大努力によって、どれくらい大きな力を発揮し得るかということで、kg
　　　であらわす。
　　2) 瞬発力（power）…パワーという言葉で用いられ、瞬間的に大きな力を出し
　　　て運動を起こす能力をいう。
　(2) 持続する力
　　　持久力（endurance）といい、用いられる筋群に負荷のかかった状態で、い
　　　かに長時間作業を続けることができるかという筋持久力（muscular endurance）
　　　と、全身的な運動を長時間継続して行う呼吸・循環（心肺）機能の持久力
　　　（cardiovascular / respiratory endurance）に、大きくわけられる。
　(3) 正確に行う力（調整力）
　　1) 協応性（coordination）…身体の2つ以上の部位の運動を、1つのまとまっ
　　　た運動に融合したり、身体の内・外からの刺激に対応して運動したりする能

力を指し、複雑な運動を学習する場合に重要な役割を果たす。

  2）平衡性（balance）…バランスという言葉で用いられ、身体の姿勢を保つ能力をいう。歩いたり、跳んだり、渡ったりする運動の中で、姿勢の安定性を意味する動的平衡性と、静止した状態での安定性を意味する静的平衡性とに区別される。

  3）敏捷性（agility）…身体をすばやく動かして、方向を転換したり、刺激に対して反応したりする能力をいう。

  4）巧緻性（skillfulness）…身体を目的に合わせて正確に、すばやく、なめらかに動かす能力であり、いわゆる器用さ、巧みさのことをいう。

（4）円滑に行う力

  1）柔軟性（flexibility）…からだの柔らかさのことで、からだをいろいろな方向に曲げたり、伸ばしたりする能力。この能力が優れていると、運動をスムーズに大きく、美しく行うことができる。

  2）リズム（rhythm）…音、拍子、動き、または、無理のない美しい連続的運動を含む調子のことで、運動の協応や効率に関係する。

  3）スピード（speed）…物体の進行する速さをいう。

2．運動スキル（movement skills）

  1）移動系運動スキル（locomotor skill）…歩く、走る、這う、跳ぶ、スキップする、泳ぐ等、ある場所から他の場所へ動く技術。

  2）平衡系運動スキル（balance skill）…バランスをとる、渡る等、姿勢の安定を保つスキル。

  3）操作系運動スキル（manipulative skill）…投げる、蹴る、打つ、取る等、物に働きかけたり、操ったりする動きの技術。

  4）非移動系運動スキル〔その場での運動スキル〕（non-locomotor skill）…その場で、ぶら下がったり、押したり、引いたりする技術。

3．運動時に育つ能力

  1）身体認識力（body awareness）…身体の部分（手、足、膝、指、頭、背中など）とその動き（筋肉運動的な動き）を理解・認識する力。自分のからだが、どのように動き、どのような姿勢になっているかを見極める力。

  2）空間認知能力（spacial awareness）…自分のからだと自己を取り巻く空間について知り、からだと方向・位置関係（上下・左右・前後・高低など）を理解・認知する能力。

ブランコの安全点検チェックポイント

①支柱地際部は、掘削して、腐食とコンクリート露出の有無を目視・打診で全数チェックする。
②梁と支柱の鋳物接合部の腐食の有無を、目視・打診でチェックする。
③吊金具部分は、目視・触診・聴診で、腐食やがたつき、異常音の有無をチェックする。
④吊具は、チェーンの上端と下端の摩耗の有無とスイングクリアランスが適正かをチェックする。
⑤チェーンと座板との取付ボルトに、緩みの有無をチェックする。
⑥実際に乗ってみて、全体のグラツキや異常音をチェックする。（前橋）

滑り台の安全点検チェックポイント

①支柱地際部は、掘削して、腐食とコンクリート露出の有無を目視・打診で、全数チェックする。
②踊場と柵との接合部の腐食の有無を、目視・打診でチェックする。
③滑走路側板の腐食の有無を、目視・打診でチェックする。
④滑走路面の破損個所の有無を、目視でチェックする。
⑤踊場と滑走路との接合部の隙間の有無を、目視でチェックする。（前橋）

鉄棒の安全点検チェックポイント

①支柱地際部は、掘削して腐食とコンクリート露出とグラツキの有無を、目視・打検・触診で全数チェックする。
②支柱の鋳物接合部の腐食の有無を、目視・打検でチェックする。
③握り棒（シャフト）にガタツキ、回転、取付ボルト突起の有無を、目視・触診でチェックする。（前橋）

ジャングルジムの安全点検チェックポイント

①支柱地際部は、掘削して、腐食とコンクリート露出とグラツキの有無を、目視・打診・触診で、全数チェックする。
②縦・横支柱接合部の腐食の有無を、目視・打診でチェックする。
③全体の傾き、安全エリア内部や上部に樹木の根、枝などの有無をチェックする。（前橋）

スプリング遊具の安全点検チェックポイント

①実際に乗って、本体の破損個所や異常音やグラツキ等を、目視・触診・聴診でチェックする。
②固定ボルトの腐食を、目視・打検でチェックする。
③スプリングの腐食の有無を、目視・打診でチェックする。腐食発生、耐用年数（標準5年）を超えたスプリングは交換する。（前橋）

木製総合遊具の安全点検チェックポイント

①各機能部位は、個別遊具に準じたチェックをする。
②支柱地際部は、掘削して腐朽とコンクリート露出の有無を目視・打診で、全数チェックする。
③床板部の釘の突起、腐食の有無を、目視・触診・打検で、チェックする。
④実際に乗ってみて、全体のグラツキや床板のガタツキや摩耗箇所、ボルト・金具などの突起の有無を、目視・触診でチェックする。
⑤ロープネットの切断箇所や摩耗箇所の有無を、目視・触診でチェックする。（前橋）

熱中症と日射病、熱射病との関係

　熱中症は、体内温度が異常に上がって起こる身体の異常症状のこと。運動時は、発汗が多く、顔面が紅潮し、脈拍が増加してくる。幼児は、体温調節機能が未熟で、体内の水分割合が高いため、発汗により、脱水を起こしやすい特徴がある。
　日射病は、長時間、屋外にいた場合や、屋外での運動時に、頭や頸部に直射日光を受けることにより、起こる。一方、熱射病は、高温多湿の室内に長時間いた場合や、室内で運動したときに起こる。環境条件は異なるが、日射病や熱射病に共通して起こる身体の異常症状を、熱中症という。
　ふらつく、ボーッとしている等の様子がみられたら、風通しがよく、暑くないところ（木陰やクーラーのある部屋）に運び、衣類をゆるめ、水平位、または、上半身をやや高めに寝かせる。体温が高いときは、冷たい水で全身の皮膚を拭いたり、水枕で頭を冷やしたりする。嘔吐やけいれんがなく、意識がはっきりしているときは、2倍以上に薄めたイオン水、または、水や麦茶、薄い食塩水などを飲ませる。水分は、体温に近い温度の方が、身体への負担が少なく、体内に吸収されやすいので、常温か、ぬるめのものが望ましい。（前橋）

索　引

れ

ろ

わ

執筆者紹介

■監修者

坂口正治

 東洋大学　名誉教授
 日本レジャー・レクリエーション学会　会長

沼澤秀雄

 立教大学　教授
 日本レジャー・レクリエーション学会　副会長

■編著者

前橋　明

 早稲田大学　人間科学学術院　教授
 日本レジャー・レクリエーション学会　理事長

■執筆者

阿部玲子

 早稲田大学大学院
 日本レジャー・レクリエーション学会　会員

池谷仁志

 さわだスポーツクラブ

泉　秀生

 東京都市大学　准教授
 日本レジャー・レクリエーション学会　理事

犬塚潤一郎

 実践女子大学　教授
 日本レジャー・レクリエーション学会　理事

郭　宏志
　　早稲田大学大学院　博士課程
　　日本レジャー・レクリエーション学会　会員

楠　美代子
　　日本キッズヨガ協会　代表理事

鈴木秀雄
　　関東学院大学　名誉教授
　　日本レジャー・レクリエーション学会　元会長

中井　聖
　　大阪電気通信大学　特任教授

永井伸人
　　東京未来大学　准教授
　　日本レジャー・レクリエーション学会　理事

中丸信吾
　　順天堂大学　スポーツ健康科学部　助教
　　日本レジャー・レクリエーション学会　理事

廣中栄雄
　　学校法人曽野学園　曽野幼稚園・曽野第二幼稚園　教諭

藤田倫子
　　新渡戸文化短期大学　特任講師
　　日本レジャー・レクリエーション学会　理事

松原敬子
　　植草学園短期大学　教授

宮本雄司

　早稲田大学人間総合研究センター招聘研究員

　日本レジャー・レクリエーション学会　事務局幹事長

吉村眞由美

　早稲田大学人間総合研究センター研究員

　日本レジャー・レクリエーション学会　理事

レジャー・レクリエーション用語集

2020 年 6 月 5 日　初版第 1 刷発行

■監 修 者──日本レジャー・レクリエーション学会　坂口正治・沼澤秀雄
■編 著 者──前橋　明
■発 行 者──佐藤　守
■発 行 所──株式会社 大学教育出版
　　　　　　〒 700-0953　岡山市南区西市 855-4
　　　　　　電話（086）244-1268　FAX（086）246-0294
■印刷製本──モリモト印刷 ㈱

© 2020, Printed in Japan

ISBN978－4－86692－073－3